Los ensayos de la muerte

Obras del mismo autor

Poesía:

Bríos de juventud
Asíntotas
El giróscopo y los signos
Los imperios en los patios
In nomine patriæ
Viernes ajenos
Tuam

Ensayo:

El otro en el espejo
Emails from America

Los ensayos de la muerte

mariano ortega

A la memoria de

Tomás Héctor de León Zivec

y de

Eduardo Garza Romo

«Ainsi, lecteur, je suis moi-même la matière de mon livre»

«La mort est bien le bout, non pourtant le but de la vie»

«Si vous ne savez pas mourir, ne vous inquiétez pas,
la nature vous en informera sur le champ, pleinement et
suffisamment»

Michel de Montaigne
Les Essais

«Nuestras vidas son los ríos
que van a dar en la mar,
qu'es el morir»

«partimos cuando nascemos,
andamos mientras vivimos,
y llegamos
al tiempo que feneçemos;
así que quando morimos
descansamos»

Jorge Manrique
Coplas por la muerte de su padre

«Lleno de mí, sitiado en mi epidermis
por un dios inasible que me ahoga,
mentido acaso
por su radiante atmósfera de luces
que oculta mi conciencia derramada,
mis alas rotas en esquirlas de aire,
mi torpe andar a tientas por el lodo;
lleno de mí -ahíto- me descubro
en la imagen atónita del agua»

«Ay, pero el agua,
ay, si no huele a nada»

José Gorostiza
Muerte sin fin

Los ensayos:

1. ¿De qué sirvió el amor? 17

2. Apagar la tiniebla 25

3. ¿Cuántas muertes? 31

4. Nuestras vidas son los ríos 39

5. Otra vida más larga acá dexáis 45

6. Para entonces 53

7. No me quites las canas 59

8. Mas cumple tener buen tino 69

9. Tan callando: El tiempo de los viejos 75

10. Las formas, los estilos, los colores 83

11. Los rituales cambiantes de la muerte 93

12. Ficciones 101

13. En paz 109

14. No hay más que silencio 117

15. ¿Quién me dirá el momento? 123

Colofón 129

1. *¿De qué sirvió el amor?*

He aquí que todo viene, todo pasa,
todo, todo se acaba.
¿Pero tú? ¿pero yo? ¿pero nosotros?
¿para qué levantamos la palabra?
 ¿de qué sirvió el amor?
¿cuál era la muralla
que detenía la muerte?

Jaime Sabines,
Algo sobre la muerte del Mayor Sabines

Si nada nos libra de la muerte,
Al menos que el amor nos salve de la vida.

Javier Velaza
El salvavidas

No sé a qué edad principiamos a incluir la muerte en ese baúl de cosas personales –que se van reduciendo con los años hasta quedar vacío– que aún nos quedan por vivir.

Cada vez son menos cosas las que nos quedan. Pero *esa,* queda.

¿A qué edad comenzamos a sentir que la muerte pasa de lo abstracto a lo concreto; de lo general, a lo particular; de lo ajeno, a lo propio; de la muerte de ellos, a la de ustedes, a la mía?

La muerte que deja de ser "la Catrina" de Posada y de Rivera para –sin estola de plumas ni tarde dominical en la Alameda– sintiéndose cada día más familiar y más cercana, volverse uno –yo– así, sin formalismos.

No sé si principia cuando, al escuchar en las noticias de plazos por venir, se mencionan fechas en las que sabemos que será imposible que estemos todavía vivos.

Es un primer paso de sumas y de restas; de aritmética elemental; de lógica racional que, aunque nos llega, todavía no nos llega más que a la cabeza.

No es sino hasta un –todavía muy lejano– segundo paso cuando deja de usarse la aritmética y simplemente lo sentimos, lo vivenciamos.

Tal vez principia cuando sentimos que el tiempo se mueve más de prisa y que aquella cantaleta que le oíamos decir a nuestros mayores y que sentíamos como un lugar común más, de esos que se dicen sin creerse, es verdad; que ya es lunes cuando apenas acaba de ser lunes; un lunes otra vez, pero más pronto; demasiado pronto.

¿Será cuando caemos en cuenta de que, de nuestros mejores amigos, son más los muertos que los vivos?

Yo, recuerdo claramente una mañana, cuando estaba en cuarto año de primaria, al salir al recreo –así sin más, sin nada que lo provocara– caí de pronto en la cuenta que yo también me iba a morir un día.

Era la época de los baleros –porque cada juguete tenía su estación durante el año y ya habían pasado las canicas, el yo-yo, y el trompo (la 'mona' como preferiblemente le llamábamos entonces) – y yo traía mi balero.

Generalmente el juego era ver (¿retar?) quien de los amigos lograba insertarlo sin fallar. A veces, al fallar se borraban los logros anteriores y principiaba de nuevo la cuenta. Otras veces era una vez cada quien y se iba saliendo del grupo el que fallara.

Cuando sonó la campana para salir al recreo, levanté la tapa de mi pupitre, saqué mi balero y principié a practicar camino al patio.

Hicimos un grupo de cinco porque se metió un compañero de sexto y principiamos a jugar. Y fue, precisamente en el ¿medio segundo? que dura el trayecto del mazo desde que uno lo impulsa hasta que se inserta en el palo del balero –o se falla en la inserción.

Fue en ese medio segundo –todavía puedo ver el mazo labrado y pintado muy a la mexicana moviéndose como en cámara lenta– que me cayó el veinte de que también yo estaba incluido en eso de la muerte: que también yo me iba a morir.

Y no sólo fue eso. En esos mismos momentos mientras el mazo iba subiendo, me di cuenta también que mis papás, que todo lo podían [sí, todavía estaba yo en esa edad], por más que me quisieran a mí, por más que quisieran evitármelo, no podrían impedir que me muriera.

La conjunción de que yo también me iba a morir un día y de que ni mis papás que tanto me querían podían impedir que me muriera hizo que, en ese instante, mientras el mazo del balero seguía su curso, la conciencia fuera completa y no dejara dudas. Un día, yo también me iba a morir.

No recuerdo ni he podido recordar jamás si logré o no insertar el mazo; si gané o perdí ese juego del balero. Lo que sí recuerdo es que para cuando el movimiento terminó mi toma de conciencia había igualmente terminado.

La muerte era parte de lo mío: Yo también me iba a morir.

Uno de los pensamientos de Pascal que siempre me ha gustado mucho es el de "las razones del corazón que la razón no conoce". En mi caso, fue el corazón el que no conoció: Ese darme cuenta se quedó en ese momento exclusivamente entre las razones de la razón que el corazón no conoce; que permanece en la razón sin bajar –todavía y por muchos años– al corazón.

Si hubiera tenido mayor edad le llamaría algo meramente intelectual. Me parece muy pretensioso llamarlo así. En mi caso fue un proceso más mecánico: Simple y literalmente me cayó el veinte que había estado ahí no sé desde cuándo, pero el veinte no cayó hasta abajo. Se me quedó atorado en la razón, en la mente.

[Soy consciente de que esa frase tan cierta y tan gráfica me ata a mi tiempo y no sólo los jóvenes sino hasta los menos viejos que yo, ya no la entienden porque no conocieron los teléfonos públicos que por años funcionaron poniéndoles una moneda de veinte centavos –el veinte– que se insertaba en el teléfono, pero se quedaba suspendida en el punto de inserción. Si se daba la conexión, caía el veinte al interior del teléfono; si nadie contestaba la llamada, no había conexión, la moneda no caía y el teléfono nos devolvía el dinero.

Lo gráfico de la expresión de que el veinte cae cuando se hace la conexión me parece una expresión insustituible: En ese momento hice la conexión con algo que, seguramente, más de una vez había escuchado, pero se me había quedado suspendido en el oído].

Esa primera vez, jugando al balero en el recreo, el veinte me cayó, sí, pero se me quedó en la cabeza, como una idea, como una verdad en la razón que no acababa de caer al corazón.

Quizá fue por mi edad; pero quizá fue porque en ese momento, más que la muerte, me impactó descubrir los límites del amor y de mis padres.

Hasta ese momento, mis padres no tenían límites. Eran ese Dios Todopoderoso protector que todo lo podía: Una verdad incuestionable y también hasta ese momento, una verdad incuestionada.

De pronto, no se trataba de un cuestionamiento, sino de la evidencia simple y llana de lo contrario: No, mis padres no lo podían todo como yo había creído. Si no podían evitar que me muriera, aunque pudieran muchas otras cosas, mis padres tenían límites; porque si no los tuvieran, lo primero que hubieran hecho habría sido evitar que me muriera o, como yo todavía era niño, que de alguna manera yo quedara implicado en eso de la muerte.

Porque si todo lo pudieran –de eso estaba seguro– eso habría sido lo primero que –si dependiera de su voluntad– hubieran evitado.

Ese mismo veinte abarcaba asimismo el darme cuenta que tampoco el amor lo podía todo.

Hasta esa edad –no sé precisamente por qué– creía, inocente, que para el amor tampoco había barreras.

Aunque siempre me ha gustado mucho leer y desde que me acuerdo he leído, no creo haber adoptado esa creencia de mis lecturas que por mucho que hubieran sido eran muy escasas –pero eso sí, absolutamente sin censuras.

Mis padres sabían lo que estábamos leyendo (alguno libro tomado de la biblioteca de mi padre) pero no intervenían ni recomendando ni prohibiendo. Y leíamos de todo, desde *El tesoro de la juventud, Alicia en el país de las maravillas* y las *Vidas de santos*, poemarios y otros libros de papá, hasta *El fistol del diablo* y ya en sexto y luego en secundaria *La juventud del rey Enrique IV* [Veinte años después, en una librería de viejo, me encontré *La madurez del rey Enrique IV*, que disfruté mucho menos].

Las novelas de amor me llegaron mucho más tarde, cuando ya estaba en la preparatoria, así que no pudieron haber influido tampoco.

No tengo idea de dónde me vino, pero hasta ese momento en el cuarto año de primaria era un hecho para mí que el amor lo podía también todo.

Al terminar el recreo y volver al aula, la muerte se me había olvidado o por lo menos, había dejado de hacérseme presente.

No pasó lo mismo con los límites de mis padres y, sobre todo, los límites del amor. Eso lo tendría muy presente por meses, hasta que lo fui aceptando poco a poco y me fui acostumbrando, como uno acaba por acostumbrarse a tantas cosas en la vida.

Pero quien regresó al salón de clases, al aula de cuarto de primaria, no era ese mismo yo que había salido al recreo con su balero. No, no era que fuese más maduro; era que dos de mis pilares se me habían desplomado.

Y pese a que penetrara sólo hasta el nivel de mi razón y se quedara ahí por muchos, muchos años, –antes de que el veinte me siguiera cayendo– ya había conocido la muerte; aunque –conciencia que no llega al corazón– se tardó toda una vida en que la hiciera mía.

2. Apagar la tiniebla

¡Haber nacido para vivir de nuestra muerte!
¡Levantarse del cielo hacia la tierra
por sus propios desastres
y espiar el momento de apagar con su sombra su tiniebla!

¡Más valdría, francamente,
que se lo coman todo y qué más da...!

César Vallejo
Y si después de tantas palabras

Amé las desapariciones y ahora el último rostro ha salido de mí.
He atravesado las cortinas blancas:
ya sólo hay luz dentro de mis ojos.

Antonio Gamoneda
El libro del frío

No sé en qué, o en quién tuvo su origen; si lo aprendí de alguien o me lo inventé yo solo, pero en esos años, de niño de primaria y tal vez aún de secundaría, un atractivo que la muerte tenía para mí, un atractivo fuerte, muy fuerte, era esa creencia que con la muerte se le abrían todos los secretos al mundo y a la vida.

Y que, al morir, uno conocía "la verdad absoluta de las cosas / los vivos / sus historias".

No era que yo quisiera saber algo en particular de alguien o de algo; no. No era nada específico. Era una noción ¿absurda? de una verdad absoluta en la que no había ni dudas ni misterios; de un conocimiento pleno, total, que todo lo abarcaba.

A esa edad no podía pensar que el conocerlo todo así sin cortapisas era algo que se habría ganado con la vida; pero tampoco estoy seguro que pensara que se había ganado con la muerte.

No era algo que yo quisiera. Era algo que yo veía como natural; algo que simplemente así era; así pasaba: la verdad absoluta, el conocimiento puro y pleno se daban total y naturalmente con la muerte; "como si la muerte / le tumbara los muros / a la vida / las puertas / los rincones / y nos dejara el mundo / a la intemperie / un mundo transparente / sin susurros / un mundo al descubierto / sin misterios // ni dudas / ni preguntas // como esos días de luz / sin escondrijos".

Lo oculto, lo desconocido, lo recóndito, las dudas, eran sólo para los vivos. Para los muertos, el mundo dejaba de tener misterios o secretos. Se abría completamente; se volvía transparente y sin enigmas.

Recuerdo más de un funeral a los que fui en ese entonces (porque mis padres esperaban que, como adultos, nos vistiéramos de negro y fuéramos a dar el pésame y acompañar por unos momentos a los deudos), que al ver al muerto en el ataúd lo primero que pensaba era "bueno, ahora ya lo conoce todo".

No era una gracia especial que se le hubiera concedido o que esa persona se hubiera ganado; no. Era algo natural que acompañaba a la muerte; que venía con la muerte.

Y no sé por qué me atraía tanto.

Sí, para mí era uno de los grandes atractivos, un atractivo muy fuerte de la muerte.

Como si las dudas, los misterios, la incertidumbre, las interrogantes, el no saber fueran exclusivamente producto de la vida.

No era, tampoco, que tuviera muchos. No.

Pero sabía –seguramente porque lo había oído; todavía no por experiencia propia– que la vida estaba llena de misterios e interrogantes.

Todo era aprendizaje, pero aprender sólo resolvía una pequeña fracción. La mayoría quedaba sin resolver; era parte de la vida.

Quizás por ello, se me hizo lógico aceptar la idea de que el conocerlo todo, la verdad absoluta era parte de la muerte; que venía con la muerte.

Pero si, para mí, eso me atraía, y mucho; igualmente, imaginar ese conocimiento en otros, en cierta medida y por momentos me asustaba. Sobre todo, unos años más tarde, al ir pasando de la niñez a la pubertad y a la adolescencia.

Como ya todo lo sabían, mis muertos estaban enterados de cada uno de mis pasos, los que daba a plena luz del día, los que daba encerrado en mi cuarto, aún y con la luz apagada.

No, no era que yo hiciera cosas terribles en mi cuarto –ni siquiera fumaba todavía.

Años después, cuando principié a hacerlo a los trece años, ahí en mi cuarto escondía mis cajetillas de cigarros; guardaba mis revistas personales; y pasaban por mi mente toda clase de pensamientos; algunos de los cuales, al principio, me asustaba saber que mis muertos todos –pero me preocupaban mucho más los recientes, lo que yo había conocido– estuvieran enterados.

[Mi abuelo me repetía que a los que había que temerles era a los vivos, no a los muertos. Él no se refería precisamente a lo que yo temía, sino al miedo que en general la gente siente por los muertos; un miedo que yo nunca tuve –por los menos, no a los míos.

Pero, en parte, tuvo razón, fueron mis vivos los que acabaron sabiendo:

Mis hermanas descubrieron mis revistas en mi closet. Y forzaron la chapa de la cajita de madera tallada en que guardaba mis cigarros.

Mi abuela, después de cada mandado, olía –a mis espaldas– las bolsas en las que yo traía el pan del mercado y como yo aprovechaba esos mandados para fumar, aparentemente olían no a tabaco sino "a cigarro" –lo que inmediatamente fue a chismearle a mi padre: "¡fuma! y ve tú a saber qué otras cosas hace." ("Papá ni se tibiaba").

Pero, aunque esos descubrimientos y esas acusaciones me hacían pasar aceite (como decíamos los jóvenes entonces), no eran las cosas que a mí me preocupaban ni el tipo de conocimiento que yo asociaba con la muerte. No.]

Ya sé que es un absurdo; lo sé ahora de viejo y lo principié a intuir desde los quince años, pero más joven, lo que yo asociaba con la muerte era ese conocimiento absoluto y consciente: Uno sabía que lo sabía todo; no había necesidad de interrogantes, de hipótesis, de búsquedas, ni nada.

Con la muerte, ya no había dudas ni, tampoco, hambre de saber o de descubrir nada: Uno lo sabía todo.

Era un conocimiento completo y en paz; sin necesidades ni deseos, no sé si con sabiduría, pero sí, sin preguntas.

Al morir, uno se hacía –inmediata y automáticamente– acreedor al conocimiento total y a la verdad absoluta; y esa era para mí, de niño, una gran tentación, un atractivo muy fuerte de la muerte.

3. ¿Cuántas muertes?

> Los muertos sólo tienen la fuerza que los
> vivos les dan.
>
> Javier Marías
> ***Los enamoramientos***

> Los muertos pesan más que los vivos; lo
> aplastan a uno
>
> Juan Rulfo
> ***El llano en llamas***

> Yo soy una ambulante sepultura
> en que reposa tu fugitiva permanencia
>
> Elías Nandino
> ***Nocturno difunto***

> Pienso a veces que soy
> una fosa común de mis recuerdos
>
> Guadalupe Villaseñor
> ***Ramal de viento***

Hoy cumpliría mi abuelo ciento cuarenta años. Cada año, lo recuerdo en muchas ocasiones y siempre en su cumpleaños; como recuerdo en su día a todos los miembros de la familia a quienes he conocido pero que han fallecido –y aún a muchos de los que no he conocido.

El caso extremo es mi bisabuela paterna. Ella murió cuando yo tenía tres años y por años, a veces me asaltaba un intenso recuerdo de que entraba por una puerta en esquina y me enfrentaba con un olor punzante a metal quemado.

No lo asociaba a nada, pero estaba ahí y se me aparecía de vez en cuando.

Un día se lo mencioné a mi madre y sin titubear me dijo, "ah, sí; es tu recuerdo de la funeraria a la que llevamos a tu bisabuela y del olor tan fuerte de la soldadura con la que sellaron su féretro, dentro de una caja de metal, para que pudieran permitirle el paso por los tres estados que tuvimos que atravesar para llevarla de regreso a casa y enterrarla allá".

Pero como también recuerdo a mis vivos, no sólo a mis muertos; mi calendario conmemorativo y de recuerdos y anécdotas ha ido creciendo —y en los últimos años, exponencialmente.

Van aumentando las fechas. Cuando yo era joven, era una sola fecha por cada uno; ahora, la mayoría tienen ya dos: nacimiento y muerte.

A veces, muchos familiares, sorprendidos que todavía me acuerde (mi bisabuela paterna —la de la funeraria y el olor a metal quemado— cumplió ciento sesenta años este pasado día de la Santa Cruz), me dicen "sólo tú te acuerdas".

Y es cierto, sólo yo me acuerdo, y no sólo de las fechas sino de la edad que cumplirían y de los años que llevan de muertos y de muchas de sus historias.

"Cuando tú faltes ¿quién se va a acordar?"

Nadie.

O sólo de algunos; y sólo por un tiempo.

Como con Juan Preciado, el hijo de *Pedro Páramo*: "las rupturas no siempre / son precisas / ni siempre son rupturas"; también mis muertos están vivos y conviven y se entreveran con mis vivos.

Hace años, cuando yo me encontraba a la mitad del camino de mi vida, me preocupaba que no sólo las fechas fueran a olvidarse sino algunas de las cosas que yo me sabía de sus vidas –de las cuales no había sido testigo presencial de muchas; sino que yo las había ido recogiendo de mis mayores quienes a su vez las habían ido guardando y atesorando.

Entonces, me sentía responsable que todo esto se perdiera conmigo –no porque alguno de mis familiares hubiera sido famoso, sino porque había sido muy real y muy querido, sobre todo, aún muerto, tan vivo como real.

Me preocupaba que las nuevas generaciones en mi familia no estuvieran interesadas en saber de sus ancestros en lo más mínimo.

Por otra parte, los entendía: Cuando al remodelar la casa no encontraba lugar para los retratos de mis abuelos, uno de los jóvenes de mi familia me dijo: "si tú, que los conociste, no les encuentras lugar ¿tú crees que yo que ni siquiera los conocí se lo voy a encontrar?"

Pero una cosa eran retratos de un metro por tres cuartos de metro y otra, anécdotas y fechas.

Los retratos, al fin de cuentas, son algo de lo que las nuevas generaciones no tendrán que preocuparse. No les quedará ninguno. En esta realidad virtual digital, es tan fácil obtenerlos, guardarlos, multiplicarlos y, finalmente, perderlos.

Lo único que todavía se parece al pasado es cuando algún amigo o un familiar te asaltan inesperadamente ahora con su teléfono celular, antes con su álbum de retratos, para enseñarte todas y cada una de las fotos ahí guardadas. Y ahora que las memorias digitales han aumentado, el celular puede ser mucho más amenazante y peligroso que un álbum al cual uno, después de todo, podía calcularle el final por el tamaño.

Pero una cosa son los recuerdos y otra muy diferente, los retratos.

En mi caso, estos recuerdos no se limitan a fechas o a caras sino al carácter que tenían, a las cosas que hacían, los refranes que decían, las canciones que les gustaban; sus anécdotas; sus historias.

Por ejemplo, a un tío que se ahogó en el río a los quince años le encantaba la canción "Dónde estás corazón" y desde que lo supe, hace casi setenta años, no puedo evitar, al oír las primeras notas de la canción, de recordarlo a él como si estuviera conmigo; de oír la canción, más con sus oídos que con los míos.

Entre los papeles que me han llegado está, también, una carta de él a su madre, escrita a lápiz con una buena letra infantil, cuando tendría unos siete años.

Así que convivo no sólo con el adolescente al que le gustaba "Dónde estás corazón" ni sólo con el niño que le escribía a su madre: Ni sólo con el muchachito de casi ocho años que hizo su primera comunión, según reza un certificado enmarcado, colgando de una pared en el recibidor de su casa y frente al cual se persignaba su hermana cada vez que salía de su casa, por los casi cincuenta años que, a ella, le quedaban de vida.

También convivo con esa bisabuela que cumplía años el día de la Santa Cruz y que me dejo un retrato; una cajita cubierta de concha nácar; una lámpara de dos globos color de rosa pintados a mano; y el olor de esa esquina donde prepararon su féretro para el traslado.

Bueno, en realidad, sólo me dejó ese olor; sus otras cosas me llegaron a mí sólo porque quienes las heredaron luego me las dejaron a mí.

Era "la flor más bella del jardín" de su padre (como él mismo le decía), un refugiado español que llegó a Matehuala y se casó con "una indita" (como él también le decía) a mediados de los mil ochocientos.

Muy enamorada, mi bisabuela –su hija– se casó con un hombre muy guapo (según propios –incluyéndola a ella, por supuesto– y extraños) que murió –a las cinco de la tarde como le había pronosticado su médico– de su segunda pulmonía, a los cuarenta y cinco años.

Murió en su rancho de San Miguel de Camargo y como había crecida del río y había imposibilidad para salir, ahí lo enterraron.

Todavía puedo verlo: Alto, de mirada arrogante, impecablemente vestido y elegante, con una leontina de oro que le atravesaba el chaleco del traje, pasando de un lado a otro por uno de los ojales y al final de la cual estaba un reloj de oro con varias tapas –que igual que las otras cosas, acabó también por llegarme a mí.

Unos cuantos años después, otra crecida del río se llevó las cruces y monumentos del panteón y ya no quedó huella de dónde había estado su sepultura.

Junto con mi tío que se ahogó en el Bravo, este bisabuelo fue quizás el muerto más vivo –de todos los que yo nunca conocí– y con los que, sin embargo, conviví intensamente, por ese lado de la familia.

En el extremo opuesto, el que sería su yerno, mi abuelo, brilló literalmente por su ausencia, dejando un hueco que fue creciendo con los años hasta sacudirme vitalmente, cuando ya en la mitad de mi vida, ese vacío se volvió tan grande que se me hizo presente.

Pero no debo ser el único sacudido por esa ausencia.

Su hijo, mi padre, le gritó al pueblo su apellido, colocado con unas letras gigantes de lámina en la esquina más alta de la casa que ese mismo abuelo les había comprado a su esposa y a sus hijos, poco antes de morir a los treinta años.

Como era siete años mayor que su esposa, mi abuela quedó viuda con tres niños de seis y cuatro años y siete meses de edad, a los veintitrés años –y, aunque vivió hasta los noventa y cinco años y medio, nunca volvió a casarse.

En algún momento siendo adolescente caí en la cuenta que todos ellos, bisabuelos, abuelos, padres, se iban a volver a morir –ahora sí, definitivamente– cuando yo me muriera. Y aunque entonces no era sino una toma racional de conciencia, no dejaba de preocuparme.

En mi vejez se ha vuelto menos racional y más vivencial; menos idea y más angustia.

Todas las muertes, la muerte de cada uno de nosotros, no son una sola muerte; pueden ser muchas muertes.

Todo se acaba con uno y hasta las últimas huellas que nos han dejado nuestros muertos, también se borran.

En su momento, cuando caí en la cuenta, lo sentí como una gran responsabilidad. Ahora lo veo simplemente como parte natural de la vida ¿o de la muerte?

¿Cuántas muertes se incluyen en una muerte?

¿Cuántas generaciones de mi familia se acaban conmigo?

Como dice Sabines en el poema dedicado a la muerte de su padre: "Morir es olvidar, ser olvidado".

Ahora me toca a mí.

"Cuando tú faltes ¿quién se va a acordar?"

Nadie.

4. *Nuestras vidas son los ríos*

Recuerde el alma dormida
avive el seso y despierte
contemplando
cómo se pasa la vida,
cómo se viene la muerte
tan callando

Jorge Manrique,
Coplas por la muerte de su padre

De niño, desde que me acuerdo, después de cenar nos íbamos toda la familia a la biblioteca –presidida por la enciclopedia *Espasa-Calpe* con sus setenta volúmenes, diez apéndices y todos sus anuarios: Papá se ponía a leer –lo que podría ser desde una novelita de vaqueros, el *Ulises* de Joyce, *Orlando el furioso,* alguna biografía o un libro de historia.

Mamá se ponía a hacer crucigramas en inglés y nosotros, mis hermanos y yo, tirados en la alfombra (acompañados por la Pinta, nuestra perra), nos entreteníamos cada uno a su manera. Mi hermana más próxima en edad a mí y yo nos poníamos a leer lo que más nos llamara la atención de entre los libros de la biblioteca.

Frecuentemente era *El tesoro de la juventud* que, por secciones, traía de todo en sus veinte volúmenes [recuerdo ese corte transversal de los volcanes que tanto me impactaba]; otras veces eran historietas o cómics con las vidas de santos, eventos históricos, o biografías de personas ilustres.

[Recuerdo que al leer la de San Agustín, aprendí una palabra que me impresionó (y que regresaría para preocuparme de viejo): maniqueo. Le pregunté a papá qué quería decir y, como siempre, me mandó a buscarlo a la Espasa-Calpe. Lo encontré no le entendí plenamente y entonces sí, papá me lo explicó muy claramente.]

Muchas veces, al terminar una de esas lecturas, por variar, buscábamos en los libreros y tomábamos el libro que más nos llamaran la atención.

Así me encontré un día con el *Cancionero* de Jorge Manrique. No es precisamente una lectura para niños, pero estaba en la biblioteca y me gustaba la poesía después de haber descubierto la sonoridad de la *Marcha triunfal* de Rubén Darío –que hasta había recitado en una fiesta de la escuela.

Papá había dejado el marcapáginas, ese listón rojo que traen los *Clásicos Castellanos*, precisamente en el lugar de las *Coplas a la muerte de su padre*, así que por ahí comenzó mi lectura.

No fue sino hasta la tercera estrofa que me impactó el poema. Primero, fue la sonoridad en la que estaba yo muy enfocado entonces ("Nuestras vidas son los ríos / que van a dar en la mar"); luego, fue el ritmo que me gustó tanto como me desconcertó por la ruptura métrica del tercer verso ("qu'es el morir"); y final pero más profundamente, la metáfora de la vida como río.

El impacto fue tal, que me pasé el resto de esa noche leyendo y releyendo esa tercera estrofa.

Realmente no sé por cuánto tiempo, porque la rutina en la casa era que cuando papá terminaba su libro –que podía ser a las once o a las doce de la noche o a la una de la mañana– toda la familia, incluyendo a la Pinta, subíamos a las recámaras para irnos a dormir; aunque mis hermanos más chicos se habían quedado dormidos en la alfombra mucho antes y mis padres tenían que cargarlos. Así que no tengo idea del tiempo que me pasé releyendo esa tercera estrofa, pero si recuerdo claramente el impacto.

[Le pregunté a papá por ese cambio de género del mar y esta vez no me mando primero a la *Espasa*; me lo explicó él mismo luego luego].

Vivíamos en Matamoros, una ciudad a la orilla del río Bravo, no lejos de la playa; y más de una vez había contemplado la desembocadura del río; había visto cómo se mezclaban las aguas dulces del Bravo con las aguas saladas del golfo de México; y cómo se iban integrando y confundiendo los colores originalmente diferentes de ambas aguas.

Tal vez por ello, me llegó más pronto y más fuerte esa tercera estrofa. La vivencia de esas aguas de río que van a dar en el mar.

Yo había caminado, incluso, varias veces esa desembocadura: En esos tiempos, el Bravo a veces no llevaba tanta agua y al llegar al golfo se volvía muy bajito, casi plano, y aunque se sentía la corriente, uno podía cruzar la desembocadura sin que el agua llegara más arriba de la cintura –y muchas veces, sin que llegara arriba de las rodillas.

Quizás por lo concreto que tantas cosas son en esa edad, el haber caminado ese lugar preciso donde "los ríos van a dar en la mar", donde la vida se encuentra con la muerte, fue que tuvo en mí un mayor impacto.

Quizás también por la historia de familia: Casi treinta años antes, a sus quince años, un hermano de mi papá se había ido de pinta y, con un amigo, decidieron irse a nadar al río Bravo. Mi tío se cambió primero y se metió al agua. Mientras su amigo se mudaba de ropa en la orilla, levantó la vista y, repentinamente, lo vio girar como remolino y desaparecer para siempre.

Si no hubiera sido porque el amigo fue a avisar, mi tío habría desaparecido sin dejar huella y mi familia no habría sabido ni el qué ni el porqué.

De todas maneras, no dejó ni una huella: Su madre, mi abuela, mandó dragar el río hasta su desembocadura sin encontrar nunca su cuerpo.

Si me hubiera quedado alguna duda de que Jorge Manrique tenía razón, mi tío lo había vivido. Él fue a dar en la mar y en el morir, ni su cuerpo dejó.

El hecho de haber cruzado más de una vez la desembocadura del Bravo; haber visto las dos aguas diferentes que se convertían en una sola; y el agua dulce que se volvía salada me volvían muy concretas las *Coplas*.

El hecho de que mi propio tío lo hubiera vivido de esa manera, me las volvía muy reales, muy auténticas.
Aunque no estaba dormido, sí avivé el seso y, al unir mi experiencia del río con la muerte de mi tío vislumbré más que contemplé "cómo se passa la vida / cómo se viene la muerte".

No sólo era un poema muy, muy bello; también era verdad. Sentía que esa tercera estrofa me constaba plenamente. Yo estaba dando fe.

5. *Otra vida más larga acá dexáis*

Non se vos haga tan amarga
la batalla temerosa
qu'esperáys,
pues otra vida más larga
de la fama glorïosa
acá dexáys.
(haunqu'esta vida d'onor
tampoco non es eternal
ni verdadera);
mas, con todo, es muy mejor
que la otra temporal,
peresçedera.

Después de varios días leyendo y releyendo sus tres primeras estrofas, seguí adelante con mi lectura del resto de las estrofas de las *Coplas*.

Y aunque seguí gozando mucho del poema, mi edad y mi ignorancia no permitieron que —en ese momento— disfrutara otras estrofas como había disfrutado inmediata y directamente y sin intermediarios las tres primeras.

En muchas de las estrofas subsecuentes tuve que preguntarle a mi padre quien —maestro nato— dejaba su lectura para explicarme –a mi nivel, y con la doble precisión que trae lo claro cuando va acompañado por lo breve– las cosas que yo no entendía.

"¿Papá, también Aragón tuvo en su momento su Herodes?"

"¿Por qué lo preguntas? "

"Porque el poema se pregunta qué se hicieron los infantes de Aragón y pensé que les había pasado lo mismo que a los infantes de Belén, que Herodes mandó matar el día de los inocentes."

[Aunque la edición de *El Quijote* de los *Clásicos Castellanos* incluye tantas y tan amplias notas explicativas que muchas de sus páginas no contienen sino un renglón de Cervantes y el resto de la página la llena la nota del editor; esta generosidad explicativa, desafortunadamente, no se extendió al *Cancionero*].

Papá no sólo no soltó una carcajada, sino que ni siquiera esbozó una sonrisa y me explicó quiénes habían sido los Infantes y me mencionó por primera vez lo que yo –años después– entendería finalmente como el tópico literario del *Ubi Sunt ¿dónde están? ¿qué se hicieron?* –asociado también íntimamente con la muerte.

Y, en esta segunda etapa de mi lectura de las *Coplas*, lo que más me sorprendió fue, precisamente, esa distinción entre la vida aquí, perecedera; la vida de la fama; y la vida eterna.

Bueno, no precisamente la distinción –cada año, en los ejercicios espirituales de cuaresma a los que nos mandaban mis papás, nos recalcaban el contraste entre la temporalidad de esta vida cotidiana y la eternidad después de la muerte– sino el añadido de una tercera vida, la vida de la fama que uno deja al morir y, sobre todo, que esa vida de la fama fuera de alguna manera un paliativo significativo a la hora de la muerte ("Non se vos haga tan amarga / la batalla temerosa / qu'esperáys, / pues otra vida más larga / de la fama glorïosa / acá dexáys.").

Tanto me sorprendió que, en las primeras lecturas y relecturas de esa estrofa, pensé que yo me confundía.

Le volví a preguntar a papá, pero esta vez, no había la menor confusión. Eran tres vidas: esta vida temporal, perecedera; la vida de la fama que uno deja al morir ("haunqu'esta vida d'onor / tampoco non es eternal / ni verdadera; / mas, con todo, es muy mejor / que la otra temporal, / peresçedera"); y la vida eterna.

Me quedaba muy claro lo temporal y transitorio de nuestra vida cotidiana y de lo efímero e intrascendente de las glorias terrenales. *Ubi sunt?* ¿los infantes de Aragón qué se hicieron? *Ubi sunt qui ante nos fuerunt?* ¿Dónde están quienes nos precedieron? ¿Dónde fueron a acabar, aún con sus muchos atributos mundanos, sino en la muerte? La misma muerte.

Me quedaba igualmente clara la vida eterna.

Y no es que la vida de la fama no pudiera tener algún sentido —más para el viejo que soy ahora que para el niño que era entonces cuando por primera vez lo leí— pero ni entonces ni, mucho menos, ahora comparto la idea de que la promesa de esa vida de la fama cambie de alguna manera la percepción y la realidad de la muerte.

Esta impresión —que se inició al descubrir a Cervantes y su vida— no hizo sino confirmarse a lo largo de mi vida.

Porque pocos años después de leer el *Cancionero*, le tocó su turno a *El Ingenioso Hidalgo,* repartido en ocho tomos de la misma colección de *Clásicos Castellanos.*

Me asombró un humor que no me esperaba encontrar en la que, para entonces, ya sabía que era la obra maestra de la literatura española –por lo que principié a leerla no sin poco temor de no poder percibir su valía.

Casi luego, luego, se me olvidó ese temor y sin proponérmelo me concentré en disfrutarla.

También desde ese momento, principié a soñar en llegar a ser algún día un escritor, sino de su talla, sí un escritor famoso.

Al concluir esa primera lectura del primer tomo de *El Quijote*, me interesé por conocer todo que podía sobre la vida de Cervantes.

Me impactó descubrir que no tuvo una vida fácil y no me refiero sólo a las penurias económicas, al cautiverio o a la prisión.

Afortunadamente para Cervantes, por once años –desde la aparición en 1605 de la primera parte de *El Quijote*, hasta su muerte en 1616– su vida aquí, perecedera y su vida de la fama convivieron; conoció la fama en vida.

Por los próximos treinta años, me dio muchas vueltas en la cabeza –a mí que había soñado con emular, toda proporción guardada, a Miguel de Cervantes queriendo ser escritor– ese contraste tan tremendo entre esa vida cotidiana y la vida de la fama.

Me cuestionaba seriamente si valía la pena la una por la otra –con una visión que años más tarde un amigo llamaría muy maniquea.

Me preguntaba si a los ojos de Cervantes, la una compensaba a la otra –él, que, había conocido su propia fama, por lo menos al final de su vida, a diferencia de muchos otros escritores, para quienes, si les llega, es sólo después de muerto, la fama póstuma.

La respuesta que yo mismo me daba fue cambiando con los años.

Inicialmente –yo, niño y adolescente– fue un rotundo sí, aún en los casos en que sólo fuera fama póstuma. El reconocimiento al escritor, aún sólo después de muerte, valía la pena por todas las penurias y todas las dificultades durante esta vida perecedera.

Posteriormente –yo, joven y adulto joven– principié a tener mis dudas, mis serias dudas. Me decía que no, que sólo fama póstuma, no justificaba todas las vicisitudes vividas por una fama que yo no habría jamás de conocer.

Sin embargo, aún entonces me decía que, si en vida conociera y pudiera gozar de esa fama, como Cervantes, entonces, probablemente sí

Finalmente –yo, adulto mayor y ahora, viejo– mi respuesta es un rotundo ¡no!

No. Aunque yo conociera esa fama en vida, no valdría la pena; mucho menos sin siquiera llegar a conocerla.

Ninguna promesa de una vida de la fama, por seguro que estuviera de su cumplimiento, o por larga que esta vida fuera, haría menos amarga "la batalla temerosa" de la muerte.

No.

¿En qué le cambia la vida a Cervantes? ¿De qué le sirve que *El Quijote* sea el libro más traducido del planeta, después de la *Biblia*? ¿O en qué le ayuda que se le considere la obra cumbre de la literatura española o la primera novela moderna y el modelo de todas las grandes novelas posteriores?

¿De qué les sirve a mi abuelo y a mi padre que yo me acuerde de ellos?

¿En qué les cambia su muerte?

Desde mi perspectiva, la vida de la fama sólo puedo valorarla en la medida en que tenga una incidencia sobre la vida cotidiana; por más marginal o indirecta que esa incidencia pueda ser.

Si no llega a incidir en la vida terrenal; si no afecta –aún tangencialmente– esa vida cotidiana; si esa fama es sólo póstuma y no toca para nada sus vidas ¿en qué les cambia su muerte?

Y este cuestionamiento, que principió conmigo cuando era niño y continuó a lo largo de gran parte de mi vida, se mantuvo vigente en mi fuero interno porque de Cervantes se fue haciendo extensivo a los demás, hasta llegar a mi gente; hasta llegar a los míos.

Porque la fama no es sino la buena opinión que tenemos de alguien.

En el caso de Cervantes serán millones los que comparten esa buena opinión. En el caso de mi gente sólo seremos mis hermanas y yo –pero los números no importan: la fama incide o deja de incidir de la misma manera.

En muchos casos, esa buena opinión que ahora tenemos de algunos de nuestros adultos mayores no se formó sino después de su muerte, a medida que nosotros, los vivos, fuimos comprendiendo y madurando.

Y si no les cambió la vida ¿en qué les cambia su muerte?

6. *Para entonces*

Manuel Gutiérrez Nájera
Para entonces

No se necesita ser Parménides para saber que el ser es y que el no-ser, no es; de que uno no es el desarrollo natural, la continuación ininterrumpida del otro, sino su ausencia.

Y sin embargo cuando el ser es la vida y el no-ser es la muerte la sorpresa es que una viene programada en la otra. No, la vejez no es una enfermedad y nadie muere de vejez. Pero la vida nace con una programación biológica que incluye el apogeo corporal, pero que también incluye su declinación premeditada.

Mi abuelo –que vivió como un roble hasta los ochenta y cinco años y medio y luego se acabó en menos de una semana– solía decir que todo por servir se acaba.

Pero no es por servir, sino porque ha sido programado desde el principio. En etapas específicas de la vida los músculos dejan primero de crecer y en otras comienzan a perder masa –por más que uno se alimente.

Los hemisferios del cerebro dejan de comunicarse con la misma habilidad y los nombres y etiquetas guardadas en uno, se retrasan –a veces por días o por semanas– para hacer conexión con los contenidos en el otro.

Y no, no estoy hablando de demencia senil y mucho menos de Alzheimer; estoy hablando sólo de edad –porque las células ya no se regeneran de la misma manera en las últimas y penúltimas etapas de la vida.

Y así podría seguir hablando de todas y cada una de las partes del cuerpo; a todas les pasa lo mismo, aunque sus tiempos puedan ser diferentes.

Tampoco estoy hablando de enfermedades e invasores externos –independientemente de que algunos tengamos mayor o menor fortaleza para enfrentarlos– sino de la vida en sí; de la vida misma.

Parecería que la vida está más preocupada por la continuidad de los genes o la continuidad de la especie que de los seres en sí.

Y no es que el ser traiga el no-ser en sus programas. Lo que trae es el dejar-de-ser.

No sé si ese dejar de ser constituye una traición de la vida, como lo ve Manuel Gutiérrez Nájera, que además de poeta era médico.

Probablemente tenga razón: Es una traición del ser llevar desde su origen el dejar de ser; como es una traición del río llevar sus aguas dulces hasta la sal del mar.

Con los jóvenes, supongo, sería una alta traición; con nosotros los viejos, apenas llegaría a delito; sería simplemente, cansancio.

En las enfermedades, a veces, uno mismo contribuye a esa traición, engañándose; con un engaño que justifica cuadros y síntomas, al explicárnoslos de una manera que los trivialice o, al menos, les quite lo amenazante.

El Duque Job murió apenas cumplidos los treinta y cinco. Mis amigos, a quienes dedico el libro, murieron a los veinticinco y a los sesenta años.

Uno, cuando la vida comenzaba y no era sino promesas. Recién licenciado de ingeniero, vislumbraba la vida como un manojo de posibilidades, todas tentadoras. Pensó que la vida era suya y no fue sino hasta ya muy cerca del final que cayó en cuenta de esa traición.

El otro, como había tenido experiencia, había dejado de creer en esas promesas, pero tenía esperanzas –que al final tampoco se cumplieron.

Porque otra perspectiva de esa traición no es simplemente la edad, sino la etapa de la vida que se está viviendo, independientemente de la edad.

Una amiga muy cercana que había luchado por años por tener hijos, al darse por vencida, adoptó unas gemelas que estaban a punto de llegar a la pubertad cuando, sin previo aviso y en menos de una semana de crisis, repentinamente murió.

Tenía cincuenta y cinco años. Con ella, la tragedia y la mayor traición no fue por su edad, sino por estar a punto de iniciar una etapa de vida, como madre, tan altamente anticipada por ella como potencialmente crucial para sus hijas.

Una de las grandes cualidades de la vejez es que las cosas dejan de ser tragedia.

Como le dijo mi abuela de noventa y cinco años y en prefecta salud al médico que le quería cambiar la dieta que había seguido por cuarenta años, por una más saludable "para que no se muriera": "Doctor, yo ya viví mi vida; no me asusta la muerte; por mí no se preocupe".

Y es que, al llegar a la vejez, uno puede morirse sin tener que dar explicaciones. Es esperable. Ni hay traición ni hay sorpresa.

Tan es así, que, después de cierta edad, con frecuencia se oye preguntar "¿de qué murió? y la respuesta es "de viejo, murió de viejo".

Yendo una amiga en taxi al funeral de un pariente, al darle al taxista la dirección de la funeraria, el taxista le preguntó "¿se le murió alguien cercano?" "Sí, un familiar muy querido." "¿Y qué edad tenía?" "Setenta y un años" "Ah, bueno, a esa edad…"

La muerte deja de ser tragedia.

Incluso las enfermedades, indeseables como son en todo momento, dejan de tener ese olor a tragedia: Ya no siegan una vida; la acortan y la harán sufrir, pero no la siegan.

Entrados en años, no podemos estar seguros de que esa nueva enfermedad que llega sea temporal y pasajera; o si va a ser la última. Tampoco importa.

La muerte deja de ser tragedia, alta traición. Ya no tienen que darse explicaciones. Después de cierta edad, la edad lo explica todo y uno puede morirse en paz sin tener que pedir disculpas.

7. *No me quites las canas*

No me quites las canas
Que son mi nobleza:
Cada cana es la huella de un rayo
Que pasó, sin doblar mi cabeza.

Dame un beso en las canas, mi niña:
¡Que son mi nobleza!

José Martí
No me quites las canas

De niño y hasta ya muy entrada la adolescencia, asociaba la vejez con la sabiduría y la madurez.

Eran parte integral de la vida y de los años; se daban naturalmente con la edad. En la vejez se daba su plena culminación.

Tal vez tenía una visión decimonónica y muy porfiriana del progreso que, al aplicársela al ser humano, la entendía como una evolución natural hacia la madurez y el saber; como un cada vez ser más maduro y saber más, no sólo en amplitud sino en profundidad.

Una visión reforzada probable e inconscientemente por el refrán popular –muy repetida por todos en mi tiempo– de "más sabe el diablo por viejo, que por diablo".

Y la sabiduría vendría acompañada por la madurez que florecería de la misma manera.

Juntas, hacían posible que el ser humano alcanzara su plenitud vital

Ahora me pregunto si –inconsciente, incuestionada e incuestionablemente– esta visión no estuvo también en la raíz de mi creencia infantil de que, dentro de esta evolución natural, la muerte venía acompañada por el conocimiento total, absoluto.

Un niño obsesionado tal vez, con saber; con el conocimiento y con su conciencia. No bastaba con saber, era igualmente importante saber que se sabía. Era la conciencia de mí lo que me separaba de la Pinta, nuestra muy inteligente perra. Ella sabía, pero no sabía que lo sabía. O, por lo menos, así yo lo suponía.

En ese entonces, yo todavía no distinguía tampoco la diferencia entre el saberlo todo y la sabiduría; y aún menos, entre mayor edad y madurez.

Me faltaban años todavía para descubrir mi propia inmadurez, por mucho que desde entonces la estuviera viviendo intensamente. Y, por lo menos en mi caso particular, necesitaba descubrir mi propia inmadurez primero –aunque fuera *a posteriori*– para ir lentamente descubriendo –y admirando– la madurez ajena.

Una de las primeras veces que reconocí esa madurez ajena y que –como me involucraba– tuvo un gran impacto para mí, fue a los catorce años cuando estando conversando con mi padre y mi tía, algo se le cayó al suelo y, comedidamente, me agaché para recogerlo.

En ese momento, no sólo saltó al suelo la cajetilla de cigarros que traía en la bolsa de la camisa, sino que – parecía adrede– cada uno de los cigarros que todavía quedaban en la cajetilla saltó independientemente y por su propio rumbo.

[Cuando yo era niño, uno de los ritos de iniciación al salir de la niñez, era fumar. Al mismo tiempo, sin embargo, fumar frente a los adultos de uno, especialmente tu padre, o incluso el hecho mismo de que tu padre supiera que fumabas era considerado como una ofensa seria.]

Al recoger del piso los cigarros y con la cara roja de vergüenza, lo primero que temía y esperaba era el regaño furioso de mi padre.

[Parte complementaria de ese rito de iniciación era la furia de los padres por la falta de respeto que implicaba el que uno fumara, incluso a sus espaldas. No era una preocupación por la salud: Todavía no se sabía con certeza los daños que fumar implicaba para la salud. Mi propio padre fumaba.]

Al volver a sentarme, listo para recibir la furia del regaño, mi tía esbozó apenas una sonrisa Mona Lisiana; mi padre no cambió su expresión y siguió la conversación como si nada hubiera ocurrido.

¡Yo no podía creerlo! Me tardé mucho en que el rubor intenso me desapareciera de la cara y aún más para intentar digerir la respuesta de mi padre.

Años después, volviendo la vista atrás, asociaría ese incidente con uno de mis primeros recuerdos y ejemplos de madurez.

[Para concluir eso de fumar como rito de iniciación: Cuando cumplí quince años, mi padre me llamó a la biblioteca.

"Mis amigos me dicen que es una falta de respeto que los hijos fumen enfrente de sus padres."

"No entiendo por qué. Como yo quedé huérfano de padre a los seis años, no tengo un modelo propio a seguir. Pero se me hace que, si vas a fumar, yo preferiría que lo hicieras aquí en tu casa, abiertamente, a que tuvieras que salirte y esconderte en alguna parte para hacerlo."

"¿Cómo lo ves tú?"

"Yo estoy de acuerdo contigo, papá."]

Contrastaba la madurez de mi padre con la inmadurez de mi abuela, su madre, que suponía siempre lo peor y descargaba la furia que todo le producía en verdaderas arias de regaño y de enojo, dignas de la Scala de Milán o de los mejores teatros de ópera, que paralizaban a propios y a extraños.

[Aunque debo confesar que de niño temía esas explosiones en la misma medida en que las esperaba; de adolescente me molestaban, aunque generalmente me quedaba callado; y a partir de la juventud, abiertamente me rebelaba].

Quizás –y sin tener la menor conciencia de que estaba sucediendo– las explosiones de mi abuela –berrinches adolescentes los llamaría ahora– fueron las que principiaron a minar mi visión inicial de la madurez y la sabiduría como correlatos naturales e indispensables de la vejez

En mi juventud temprana dejé de tener la certeza de que la vejez traía la madurez o la sabiduría consigo, pero de alguna manera, aún los asociaba.

Mi padre se pasó la vida leyendo y aprendiendo y sabía mucho. Tenía una memoria extraordinaria que aunada a su excepcional inteligencia le permitía hacer conexiones al filo de un segundo.

De niño y de adolescente, tenía la seguridad de que habría de alcanzar plena sabiduría, aunada a una madurez que ya me constaba.

Sin embargo, como murió a una edad que a mí entender –no sólo ahora, aún entonces– me parece muy joven –sesenta y un años– sentí que la vida le había robado la oportunidad de alcanzarla plenamente, porque yo la concebía producto natural de una mayor edad.

Con el correr de los años, caí en la cuenta de que –en mi manera de verlas desde niño– sabiduría y madurez se juntaban por compartir una sensatez, una profundidad, y un buen juicio que nada más podían darse en la vejez.

Y que sólo con la edad y una naturaleza reflexiva podía el ser humano, si acaso, transformar conocimientos y experiencias en sabiduría y madurez.

Ahora, de viejo, reconozco que, en la vida, me he encontrado con muchas personas que sin llegar a la vejez se han acercado tanto a esa madurez y esa sabiduría que mis pragmáticos profesores de ingeniería dirían que ya las han alcanzado "por aproximación".

De niño creía que sin madurez no podía haber sabiduría; que, sin madurez, por más conocimientos que se tuvieran no podía darse la sabiduría; ni alcanzarse la plenitud. Y eso, lo sigo creyendo ahora, de viejo.

He conocido más de una persona con un cúmulo increíble de conocimientos, pero también, con una inmadurez igualmente increíble.

Sin madurez, esos cúmulos de conocimientos parecen nunca alcanzar ni la margen externa de la sabiduría; tienden a parecer enciclopedias ambulantes; llenas de información extraordinariamente útil; pero faltándoles vida.

De joven, recuerdo a un conferencista, con varios doctorados y un acervo enorme –tanto en amplitud como en profundidad– de conocimientos.

Al finalizar una conferencia auténticamente magistral en torno a psicología infantil, en la que, entre otros temas, se refirió a cómo debía relacionarse el adulto con el niño y el respeto que debía tener por sus mundos infantiles tan diferentes a los suyos; llegaron su esposa y sus hijos a recogerlo para llevárselo a casa.

Uno de sus hijos, un niño de seis o siete años, pretendía ser un autobús urbano y hacía los ruidos correspondientes.

Para esos momentos, además de su familia, no quedábamos en el salón sino dos compañeros y yo, todos admiradores de ese conferencista.

En el momento en que repara en el comportamiento automotriz de su hijo, molesto, le grita "¡¿Qué histerias son esas, imbécil?!".

Mis compañeros y yo nos vimos unos a otros, perplejos, sin poder dar el menor crédito a lo que acabábamos de oír; la esposa y los demás hijos ni se turbaron ni interrumpieron lo que estaban haciendo – y nos pareció evidente que se trataba de un comportamiento que estaban acostumbrados a presenciar.

Este incidente se fue sumando a otros, algunos previos, muchos, posteriores que me fueron haciendo ver que estaba equivocado la aunar la edad y los conocimientos con la sabiduría.

Quizás, completamente equivocado.

Conforme he ido envejeciendo he ido reconociendo casos de personas a quienes en mi adolescencia y juventud admiraba por sus conocimientos enciclopédicos y que, en su vejez, al tiempo que los han aumentado, su lado emotivo, su lado humano –empático y solidario– se ha deteriorado al grado de parecer adolescentes trasnochados sumergidos en un mar de amargura.

No, sin madurez, ningún cúmulo de conocimientos puede llevar –en mi opinión– a la sabiduría.

Se me hace, en cambio, que sí es posible alcanzar la madurez sin sabiduría; pero como me cuesta separarlas, pienso que una absoluta madurez es ya una forma –tal vez más vivencial– de sabiduría.

De jóvenes, habiendo ya terminado años de escuela, cuando mis hermanas o yo hacíamos una burrada, una de mis tías nos decía: "Tantos estudios ¿para qué?".

Tenía razón.

Por si dudara, en mí propia experiencia inmediata me doy cuenta que se puede madurar sin llegar a ser maduro del todo.

Aún después de los setenta, me descubro profundamente adolescente y me asusto y apeno en la misma medida en que sonrío y me alegro de que sobreviva todavía en mí algo de ese yo adolescente.

[Sí, la adolescencia –en su momento– es una etapa muy bella de la vida.

Le permite a uno ver por primera vez el mundo con ojos no sólo recién despertados sino críticos y renovadores. La realidad es fácilmente transformable, mejorable, enriquecible –si sólo los adultos la hubieran visto y hubieran tenido la voluntad de cambiarla.

Después de la adolescencia se acaban las certezas; viene toda la incertidumbre y los 'asegunes' de los mayores que sólo se incrementan con la edad; y con la pérdida de la inocencia se van perdiendo las ilusiones –y, a veces, hasta la esperanza.

Sí, la adolescencia es una etapa muy bella de la vida. Y, en la vejez, no deja de ser alentador el encontrarse con los residuos del yo niño y del yo adolescente que han sobrevivido los años y la vida.]

Sí, incongruentemente, me complace de que los años no hayan matado completamente todo, en ese crecer de edades y de tiempo; en ese correr de mi agua hacia "la mar".

8. *Mas cumple tener buen tino*

> … Y yo me iré. Y se quedarán los pájaros
> cantando;
>
> ....
>
> Se morirán aquellos que me amaron;
> y el pueblo se hará nuevo cada año;
>
> Juan Ramón Jiménez
> ***El viaje definitivo***

> un semejante entre mis semejantes;
> pelear por la vida de los vivos,
> dar la vida a los vivos, a la vida,
> y enterrar a los muertos y olvidarlos
> como la tierra los olvida: en frutos...
>
> Octavio Paz
> ***La vida sencilla***

Quizá la asignatura de bachillerato que más impacto tuvo en mí, fue la de *Introducción a la filosofía*; no *Matemáticas* ni, mucho menos, *Trigonometría,* a pesar de que era para estudiar ingeniería que me estaba preparando.

Parménides fue para mí todo un descubrimiento; Descartes me sedujo con el *Discurso del método* y con sus tres pruebas de la existencia de Dios –aunque yo sentía que me probaban más el ingenio de Descartes que la existencia de Dios.

Me intrigó Kierkegaard y su angustia; me impresionó el término –y especialmente el concepto– de 'vivencia' (aunque no registré, si es que entonces lo oí, que era nada menos que Ortega y Gasset quien lo había acuñado).

Y se me quedó mentalmente muy grabado el ejemplo que la maestra utilizó para explicar los conceptos de 'potencia' y 'acto'.

No fue tanto la concepción aristotélica sino –precisamente– el ejemplo del que la maestra se sirvió para que nos quedara más claro.

Nos dijo que nosotros, a los catorce o quince años que teníamos en este entonces, éramos más potencia que acto; que la vida para nosotros era un conjunto infinito de posibilidades –potencia– que al vivir e ir decidiendo, nosotros iríamos desechando algunas y convirtiendo otras en realidades –acto.

Que, si ahora, nuestras vidas eran totalmente potencia, al final –a la hora de la muerte– serían acto total, ya sin posibilidades.

Afortunadamente para mí, en ese entonces, la seducción del curso y sus conceptos fue una seducción meramente racional: No pasó al corazón ni a otras partes de mí.

Y ahora, en mi vejez, digo afortunadamente porque no es sino hasta esta etapa de mi vida que contemplo el peso que tuvieron todas esas decisiones que uno va tomando en la vida al escoger unas, pero no otras de esas posibilidades y eventualmente convertirlas en realidades; cerrando para siempre algunas de esas opciones alternas que uno ha rechazado.

Por fortuna, es sólo hasta ahora, de viejo –cuando las decisiones tomadas en el pasado ya no tienen remedio– que empatizo –a nivel vivencial–con la angustia de Kierkegaard y con el arriesgarse por lo uno o lo otro.

Es ahora que reparo en expresiones oídas o leídas previamente, que entonces no comprendí vitalmente.

Por ejemplo, el *Cancionero* de Jorge Manrique y yo nos conocemos desde que yo estaba en primaria. Lo he leído y releído muchísimas veces. Es un placer leerlo.

No sé en cuantas ocasiones he visto su consejo de "mas cumple tener buen tino / para andar esta jornada / sin errar; / partimos quando nascemos, / andamos mientras vivimos, / y llegamos / al tiempo que feneçemos;"; y por años, lo pasé por alto.

De una vereda llena de posibilidades a un camino ya sin entronques.

En la vejez, la suerte está echada –como en *Les jeux sont faits* de Jean-Paul Sartre, autor que me pasó de noche en el curso de filosofía –aunque la expresión tal vez nos venga desde Julio César al cruzar el Rubicón.

La vida inicialmente como un manojo de posibilidades y pocas realidades; para finalmente terminar como un conjunto de realidades, ya sin opciones ni posibilidades.

Un camino originalmente plagado de cruces y entronques. Unos entronques y unos encuentros fortuitos que, en muchos casos, fueron determinantes para el resto de nuestras vidas. Las hicieron; las rehicieron; o las cambiaron.

Un río manriquiano pleno de afluentes y bifurcaciones antes de llegar a la mar. Unas aguas ajenas, pero dulces, que cambiaron el cauce o el caudal.

Felizmente, de joven, uno suele estar ciego no sólo a muchas de las decisiones que se van tomando sobre la marcha sino a la carga tan fuerte de responsabilidad y a las consecuencias que esto implica, sin advertir que uno potencialmente está decidiendo el resto de su vida.

Por eso es que Jorge Manrique sugiere que "mas cumple tener buen tino" al ir tomando esas decisiones.

De joven, uno está venturosamente ciego a que, en cada una de esas instancias, literalmente, uno se aventura y se arriesga; a que, con cada paso, uno se está jugando la vida.

Y al contemplar todo este andar desde la altura o la distancia de la vejez, los años ponen en evidencia la inmensa sabiduría de la vida al permitir esa ceguera.

Si en cada decisión y en cada momento; si al doblar cada esquina o abrir cada puerta; si al asistir a una reunión o quedarse en casa, uno estuviera plenamente consciente de su posible transcendencia y de sus repercusiones potenciales; si uno sintiera su peso; otra sería la vida.

De viejo, uno puede darse el lujo de mirar hacia atrás y de asociar entronques y caminos tomados con rutas y destinos finales.

Esos mapas pueden tener *a posteriori* una claridad que sería imposible siquiera imaginar en los momentos en que se opta por tomar el camino de la derecha o el de la izquierda;

o más aún cuando ni siquiera se opta porque sólo se sigue caminando sin reparar que se pudo elegir.

Dichosamente para nosotros, los viejos, la suerte está echada; ya no hay angustias porque ya no hay opciones; nada resta por decidir.

Lo que queda es un camino sin entronques ni empalmes; un río sin afluentes ni bifurcaciones.

Una vida vivida.

9. *Tan callando: El tiempo de los viejos*

Mirar el río hecho de tiempo y agua
y recordar que el tiempo es otro río,
saber que nos perdemos como el río
y que los rostros pasan como el agua.
....
Ver en el día o en el año un símbolo
de los días del hombre y de sus años,
convertir el ultraje de los años
en una música, un rumor y un símbolo

Jorge Luis Borges
Arte poética

Sin embargo las semanas son cortas
Los meses pasan a toda carrera
Ylosañosparecequevolaran.

Nicanor Parra
Cronos

De niño, los dos períodos más importantes del año, para mí, eran navidad y las vacaciones de verano.

Navidad, porque venía Santoclós y nos traía regalos; y el verano, porque íbamos a pasar las vacaciones escolares a Monterrey, con mis abuelos y mías tías.

[Siendo del norte, el que nos traía regalos –y muchos– era Santoclós. No fue sino hasta estar a punto de dejar la niñez que mis hermanas y yo descubrimos que, en otras partes del país, esa tarea era de los Reyes Magos y que no venían la noche del veinticuatro de diciembre, sino la del cinco de enero.

Les dijimos a mis papás y aunque nos trataron de convencer que a nosotros –por geografía– nos tocaba Santoclós, logramos, al final, por uno o dos años, que también los Reyes nos trajeran regalos, aunque muchos menos que los que no traía Santoclós.

Y sólo fue por uno o dos años porque –una vez perdida la ilusión– Santoclós nos dejó de traer regalos y entonces eran mis papás quienes directamente nos regalaban –pero ya sólo para Navidad y no para Reyes.]

En el verano, la estancia en casa de mis abuelos y mis tías, eran como llegar al paraíso por tantos mimos y tantas atenciones que tenían con nosotros.

La tragedia para nosotros, los niños de entonces, era que toda una eternidad separaba la Navidad y sus regalos, del verano y las vacaciones en Monterrey.

El tiempo entonces se tardaba y se tardaba tanto que, al concluir las celebraciones de Navidad, nos sentíamos desalentados, muy desalentados, por todo el tiempo que tenía que pasar para que llegara el verano.

Y lo mismo nos pasaba en verano: Al asomarnos al futuro, Navidad no se veía por más esfuerzo que hiciéramos.

Y, por si fuera poco, sentíamos que mis papás aumentaban nuestro desaliento con comentarios como "en unos pocos meses, en un abrir y cerrar de ojos va a llegar Navidad y

Santoclós, van a ver", o "ya no tarda en terminar la escuela y tan pronto termine, nos vamos a Monterrey".

¡Nos constaba lo que el tiempo tardaba!

A los ocho o nueve años ¡no habíamos nacido ayer! nos acordábamos de las eternidades que habíamos tenido que esperar en años anteriores para que los tiempos llegaran.

¿A quién pensaban engañar? Nos constaba lo que el tiempo tardaba.

También ese lugar común que todos los adultos repetían en esas épocas de que el tiempo no les alcanzaba para nada, nos parecía totalmente falso –aunque todo mundo lo repitiera constantemente.

Claro que el tiempo no sólo alcanzaba sino hasta sobraba.

No puedo precisar en qué momento ni de qué manera nuestra percepción del tiempo principió a cambiar.

Pero sí recuerdo instancias en las que el tiempo dejaba de ser eternidad para volverse, por lo menos, medible –por largo y por lento que aún pareciera.

Tengo muy grabado el momento en que, al iniciar la licenciatura, el primer día, al subir el primer escalón de la escalera que había de llevarme al piso en el que estaba el aula de mi primera clase, al asomarme, sin querer y sin pensar, al futuro, esta vez sí pude vislumbrarlo; sí, lejano, borroso, pero visible.

Y me sorprendí a mí mismo diciéndome –precisamente en ese instante en que alzaba la pierna para subir ese primer escalón– "en cinco años, cuando termine la carrera, voy a recordar este ahora en el que todo me parecía tan lejano. Y ese nuevo momento, ¡va a llegar!"

[Sí, cinco años: En aquella época las licenciaturas no estaban estandarizadas a cuatro años como ahora. Dependía de la disciplina: Medicina era de seis años; Ingeniería Mecánica Eléctrica –la que yo estudiaba– era de cinco.]

Al recordarlo ahora, me doy cuenta que entre mis diez y mis dieciséis años, mi percepción del tiempo estaba cambiando haciéndolo más humano, más medible, más esperable.

[En preparatoria me habían puesto a leer tanto *El Burlador de Sevilla* de Tirso de Molina, como *Don Juan Tenorio* de José Zorrilla; y su "no hay plazo que no se llegue / ni deuda que no se pague" ahora asociado al refrán popular de "no hay plazo que no se cumpla, ni fecha que no se llegue" principiaban a sustituir en mí el "tan largo me lo fiais" –con que había visto el tiempo en años anteriores.]

Al terminar la escuela y principiar a trabajar, mi percepción del tiempo volvió a cambiar. Ahora, como que el tiempo y yo, los dos, nos volvimos más moderados y razonables. Y el tiempo me principió a alcanzar o yo comencé a igualarlo.

Tal vez por ello, paradójicamente, en la mitad del camino de mi vida ¡se me desapareció el tiempo!

Con ello quiero decir que, entonces, fue la única época de mi vida en la que el tiempo ni faltaba ni sobraba ni se destacaba haciéndoseme continuamente presente.

Esa época duró veinte o treinta años. No sé. No puedo precisar el momento en qué, otra vez, el tiempo principió a cambiar.

Los días comenzaron a llegar más pronto; cada vez más pronto. No tenía que esperarlos: llegaban y llegaban. Y así fue desapareciendo ese tiempo razonable al que uno estaba acostumbrado previamente.

De joven, tenía tres rutinas diferentes para el ejercicio. Una para los lunes, que repetía los jueves; otra, para los martes, que repetía los viernes; y la tercera para los miércoles, que repetía los sábados. Los domingos, descansaba.

Inicialmente, para cuando jueves, viernes y sábado llegaban, yo sentía que había pasado más que suficiente tiempo entre ellos y los lunes, martes y miércoles. Estaba listo para repetir la rutina; mi cuerpo estaba descansado.

Poco a poco, principiaron a llegar demasiado pronto: El jueves me llegaba cuando acababa de ser lunes; el viernes y el sábado cuando todavía sentía estar viviendo el martes y el miércoles.

El reloj se me fue agravando. Las visitas semanales con los amigos parecían casi a diario. Parpadeaba y había pasado el tiempo; no, no en minutos ni en horas, sino en días y en semanas.

A la inversa de cuando era niño, de viejo, el tiempo me principio a pasar muy de prisa.

Ahora entendía mejor que nunca a lo que Jorge Manrique se refería con eso de pasar "tan callando"; "cómo se pasa la vida /.../ tan callando"; sí, el tiempo me pasaba a escondidas, para que yo no lo viera; el tiempo me pasaba en silencio, para que yo no lo oyera, "tan callando".

Y cuando menos tiempo nos queda, más rápido nos pasa.

Como si hubiéramos girado ciento ochenta grados en el eje del tiempo.

En la niñez, se tardaba tanto en pasar que no veíamos pasar el tiempo; en la vejez, pasa con tantísima rapidez que tampoco lo vemos.

Cuando yo estaba a la mitad de mi vida y el tiempo no era para mí problema, mis tías —entonces en sus setentas y ochentas— se quejaban de que no les alcanzaba el tiempo para nada. Que en estas épocas modernas el tiempo pasaba volando.

Yo, lejos de vivenciar el relativismo de Einstein o el subjetivismo de Bergson (aunque a ambos los había conocido para en entonces en la escuela) soltaba la carcajada y les decía que el tiempo era el mismo para todos y no cambiaba con las épocas.

Que el tiempo de la Edad Media y del Renacimiento era el mismo tiempo que el de ahora; y que por eso los relojes Luis XV podían medir el tiempo igualmente ahora que en el siglo XVIII.

Con su prudencia de siempre, mis tías me dejaban hablar, sin más, hasta que el tema se agotaba.

Ahora que lo vivo y descubro toda la razón que tenían ¿ahora, cómo se los digo?

De viejos, el círculo del tiempo se nos cierra completamente porque nuevamente, como cuando éramos niños, al asomarnos al futuro nos parece igualmente lejano.

La única diferencia es que, cuando de viejos volteamos a ver el futuro y de nuevo nos parece lejano, no es por el tiempo; sino porque ya no estamos seguros de estar vivos para entonces, por breve que sea la distancia temporal hasta ese entonces.

Con todo, probablemente por ser viejo, prefiero el tiempo de los viejos al tiempo de los niños; a estas alturas, no tendría la paciencia para esperar las eternidades que, entonces, se tardaba.

Sí, a pesar de la edad, todavía lo recuerdo; conservo la vivencia desesperante de esas largas, largas esperas.

10. Las formas, los estilos, los colores

El pasado perfuma los ensueños
con esencias fantásticas y añejas
y nos lleva a lugares halagüeños
en épocas distantes y mejores,
por eso a los poetas soñadores,
les son dulces, gratísimas y caras,
las crónicas, historias y consejas,
las formas, los estilos, los colores
las sugestiones místicas y raras
y los perfumes de las cosas viejas!

José Asunción Silva
Vejeces

Una tía nos repitió toda la vida que a ella no le había tocado época porque había quedado encabalgada entre dos épocas igualmente ajenas: la de "su mamacita" y la de nosotros, sus sobrinos.

[La época de "su mamacita" era la época del vals y la mazurca; de los vestidos y blusas hasta el cuello; del piano en casa; de las ventanas tipo guillotina y los carruajes tipo 'voguecito'. Del *Vals Poético* y del *Vals Capricho*.

La nuestra, era la época del Cha-cha-cha, del Rock'n'Roll y de los Beatles; de la mini falda; del piano en casa; de las ventanas de aluminio con rejas y de los automóviles con aletas 'aerodinámicas'. De *El bodeguero, Corazón de melón,* el *Rock del angelito* y *Let it be.*]

Mi tía, por supuesto, prefería la época de su mamacita a la nuestra.

De niño y de adolescente, esa postura de mi tía me parecía razonable, sin jamás haberla analizado ni cuestionado. Simplemente la aceptaba y la tomaba como verdad: Algunas personas y grupos de edad no tenían época propia y quedaban encabalgadas entre la de sus padres y la de sus hijos.

Un poco como, en la escuela, nos habían enseñado que sucedía en la literatura: De pronto aparecían generaciones como las del 98 y del 27 en España; o la del Modernismo en América, marcadas o propiciadas por grandes hitos; y luego, por años, nada.

No sé en qué momento, reparé que no era cierto. Que las generaciones se sucedían una a otras —como resultado simple del pasar del tiempo, no de los grandes hitos; que todos teníamos una época propia —como resultado simple de compartir un mismo tiempo, una misma época.

No sé cuándo caí en la cuenta. Tal vez fue en 1968 en que, estudiante, con protestas estudiantiles en todo el mundo, sentí de pronto que ésa era mi generación y ésa, mi época. Qué compartíamos visiones y referentes; valores y posturas; jergas y canciones.

Aunque debo confesar que en ese momento y por muchos años después —y supongo que lo mismo nos pasa a todos— no la creí pasajera, sino definitiva: la época de las respuestas y las posturas válidas para todos –tanto en el espacio como en el tiempo.

A pesar de signos en contrario, lo seguí pensando casi hasta hacerme viejo.

Y otra vez, debo de confesar que fue una sorpresa. Porque, aunque fue un cambio lento, paulatino, yo no caí en la cuenta sino de viejo.

Mi mundo ya no era mi mundo: Esta época nueva hablaba de otra manera; tenía otros referentes; otros eran sus héroes; vestía como nunca nos habríamos vestido.

[Recuerdo una clase de literatura en la que el maestro nos hizo ver cómo habían evolucionado y descendido, con el tiempo, de Homero a nuestros días, los temas a tratar en las obras literarias: de dioses y semidioses, a reyes; de reyes, a nobles; de nobles, a plebeyos; y de plebeyos a las clases bajas.

Y principié a notar un marcado paralelismo –no necesariamente sincrónico sino desfasado y retrasado– entre el 'descenso' en los temas literarios y en la vestimenta: Del modelo inicial de fracs y vestidos vaporosos a pantalones ostentosamente rotos, que, en el pasado, hubieran avergonzado aún a la gente menos pudiente se habían convertido en la moda, y entre más rotos, mejor.]

Este ya no es mi mundo; es un mundo ajeno. La vejez me ha convertido en un extranjero que no conoce el idioma, ni las costumbres, ni la cultura.

Al hablar con jóvenes y no tan jóvenes, ya no sé si entienden mis expresiones o si las palabras que uso no se han vuelto malas palabras –especialmente cuando forman partes de refranes muy comunes en mi época.

Si les digo "el que con leche se quema hasta el jocoque le sopla", no tienen idea de lo que es jocoque y me pregunto si debo sustituirlo por yogur –o si también yogur ha caído en desuso. Pero entonces ya no sería refrán.

[Por otra parte, debo admitir que hay una expresión actual que me parece casi tan gráfica y tan buena como "caer el veinte"; me refiero a "poner cara de *what*" –para indicar que alguien no entiende. No sé si se originó como lema publicitario de una escuela de idiomas o, al revés, ya existía y sólo fue utilizado por ella.]

Cuando hablo con los jóvenes y no tan jóvenes es frecuente que me pongan "cara de *what*".

Y ya no sé cuál o cuáles de los referentes son los que no entienden porque todo ha cambiado.

Por ejemplo, desde Cervantes (aunque tiene su origen en *La Eneida* de Virgilio) hasta *mi* época, se utilizó la expresión "tirios y troyanos" para indicar –al hacer referencia a grupos antagónicos– ya sea cuasi unanimidad ('aplaudido por tirios y troyanos') o desacuerdos irreconciliables ('fue una sesión de tirios y troyanos'). Su uso no requería ni suponía que uno supiera quiénes habían sido los tirios ni quiénes, los troyanos.

Si lo llego a decir, invariablemente mis oyentes "me ponen cara de *what*" –con grados diversos de civilidad.

Lo mismo es cierto para muchos otros dichos y refranes. Mi problema es que no sé cuáles.

"O todos hijos o todos entenados"; "O todos coludos o todos rabones"; "No es lo mismo gimnasia que magnesia"; "Me cayó el veinte"; etc.

[Hace unos meses, al llegar al gimnasio, quise pagar la mensualidad y llamé a la recepcionista, que me daba la espalda en ese momento. Cuando me respondió, pensé que traía algo en la boca, pero no me di cuenta que estaba desayunando. Al darme cuenta, le pedí disculpas y le dije "perdón, no me había caído el veinte que estaba desayunando."

Por la cara que puso, noté que no me había entendido ni una palabra. Le pregunté y lo admitió.

Entonces me puse a explicarle qué quería decir la expresión y de dónde venía. Ahora sí la entendió; le pareció muy gráfica y muy clara; pero no podía creer que algún día hubiera habido teléfonos públicos en los que las llamadas costaran sólo veinte centavos. Y concluyó con la pregunta: "¿Y por qué no usaban sus celulares?"]

Y no sólo son dichos o refranes. También son realidades y palabras.

A mi me encanta la zarzuela. Y en los últimos años, en lugares especializados en la venta de música, al preguntarles dónde tenían su sección de zarzuela, me ponían cara de *what;* cuando les explicaba lo que era, me pedían que les deletreara la palabra para buscarla en la computadora; la encontraban finalmente pero no, no tenían ni sección de zarzuela ni ninguna zarzuela.

[De niño, mis abuelos y mis tías me llevaban, en Monterrey, al Teatro México, por la Calzada Madero, donde, en temporada, la compañía de zarzuela de Pepita

Embil y Plácido Domingo padre, ponía hasta tres zarzuelas diferentes diariamente (tarde, moda y noche).

Más de una vez me tocó ver ahí a Plácido Domingo hijo, todavía adolescente, en varias zarzuelas, incluyendo *Luisa Fernanda*.

La compañía, compuesta por refugiados españoles, fue envejeciendo y, al final, no era sorprendente ver a Blanca de Lys, quien a mis ojos de niño parecía "muy mayor", haciendo papeles de joven; y a viejitos, haciéndola de galanes].

Y lo mismo que me pasa con las zarzuelas, me pasa con otras cosas.

En los tiempos en que hacía mi transición de niño a adolescente y asistía a mis primeros bailes, como todos teníamos miedo a que las muchachas nos dijeran que no al ir a sacarlas a bailar…

[Y ya no sé, por ejemplo, si en esta época –para mí, ajena– se entiende lo que quiere decir "ira a sacar a bailar"; si todavía hay bailes; si las muchachas están sentadas y los hombres de pie; si los hombres van a pedirles que bailen con ellos; si las muchachas pueden rehusarse; etc., etc.]

…porque muchas de ellas, si no desconocidas, sí, no frecuentadas por no formar parte inmediata del primer círculo de amigos.

Por todo ello, se diseñaban diversos juegos en los que era el azar quien elegía a las parejas. Uno de estos era que tanto hombres como mujeres sacaran, de sendas canastas, un papelito doblado (para que no vieran lo que traía escrito) con los nombres de personajes históricos o literarios famosos.

Así, el hombre que hubiera sacado el nombre de 'Napoleón' era la pareja de la mujer a la que le había tocado 'Josefina'; 'Hamlet' bailaba con 'Ofelia'; 'Romeo,' con 'Julieta'; "Ulises", con "Penélope"; "Dante", con "Beatriz"; etc.

No, no era un juego para probar la cultura de nadie; era un referente común: todos nos sabíamos esos nombres y esas parejas. Era simplemente una forma de vencer el obstáculo de la timidez de los participantes, hombres y mujeres.

Mi punto no es que las cosas hayan cambiado porque la cultura haya disminuido o aumentado; sino que al no tener yo la menor idea de los referentes actuales no me atrevo a mencionar nombres como el de 'Napoleón' o 'Hamlet', que en mis tiempos eran referentes comunes, para no hablar de 'Aristóteles' o de 'Chopin'.

Le temo menos a una cara de *what,* como reacción; que a dar la impresión de estar haciendo ostentación de una pretendida cultura.

A mi época se la ha llevado el tiempo y el mundo actual ha dejado de ser *mi* mundo; no estoy seguro ni por dónde camino ni cómo se deba caminar ahora.

No sé si es la realidad o mi forma de percibirla; pero siento que la transición entre la época de mi padre y la mía fue menos abrupta.

Como mi padre, mis amigos y yo, de jóvenes, llevamos serenatas.

Mi padre le llevó serenatas semanales a mi madre por los cinco años y medio que fueron novios.

En mi tiempo, las serenatas siguieron siendo una parte importante de todos los noviazgos –y aún ahora, no podría imaginarme una boda que no haya sido precedida por una serenata la noche previa o dos noches antes.

Mi época, también, compartió canciones con la de mi padre. No sólo las canciones clásicas cantadas por los tríos o los mariachis en una serenata; sino muchas otras piezas y canciones. Algunas, como *Un viejo amor*, que habían sido muy populares, regresaban nuevamente a estar de moda; otras, nunca habían dejado de estarlo.

Claro que aparecían canciones nuevas; claro que –para la sensibilidad de la época previa– algunas les sonaban mal a los mayores: Sentían que las letras de algunos Cha-cha-chas eran sosas; sentían que el Rock era mucho ruido que no decía nada, etc.

Pero todas esas canciones nuevas convivían diariamente en la radio y en nuestras vidas cotidianas con las rancheras, los boleros, etc., no sólo de la época previa sino las que en esos mismos momentos se estaban escribiendo.

Y mucho del Rock'n'Roll en inglés, lo oíamos en traducciones que –en muchos casos– superaban sino musicalmente, sí en popularidad, a los originales.

Hoy en día, me da la impresión de que ya ni siquiera se traducen.

Y no tengo la menor duda que esta nueva época –como todas las previas y seguramente las posteriores– ha encontrado su manera justa de estar enamorada y de hacérselo saber y de cortejar a su pareja.

Pero no conozco ni el rap ni la música pop o los demás géneros contemporáneos de música.

Y no quiero decir que esta nueva época sea mejor o peor que la mía; simplemente es diferente. Pero ni el mundo ni la época son ya los míos.

Tampoco se trata de que todo tiempo pasado haya sido mejor, sino que esta nueva época es, para mí, una época ajena; y, en ella, yo me siento extranjero.

Esta extranjería es otro aspecto muy positivo de la vejez: Uno se va desprendiendo, alejando, de su tiempo y de su mundo. Cuesta mucho menos abandonar lo ajeno que lo propio.

Aún antes de que la muerte nos obligue a dejarlos, han dejado ya de ser de uno. El adiós es más fácil.

11. Los rituales cambiantes de la muerte

Nuestras vidas son los ríos
que van a dar al espejo
sin porvenir de la muerte.
Allá van nuestros recuerdos
mostrándonos lo que fuimos
y para siempre seremos,
cristal en que nuestras almas
revivirán lo vivido
en las prisiones del tiempo.

Manuel Altolaguirre
El mar

¡Es tan difícil perder o cambiar algunas de las certezas que adquirimos de niños!

Especialmente si se refieren a la religión, al sexo, al habla cotidiana o a la muerte.

Como que toda la racionalidad que, posteriormente, se utilice en la escuela o en la vida; en los libros; o donde sea; no logra convencernos de que tenemos que cambiar alguna de esas certezas, modularla o ampliarla. Y afecta poco o nada cuando ya somos adolescentes o adultos.

Reconocemos la lógica de los nuevos argumentos, pero nunca acaban por caernos al corazón; por llegarnos al yo completo, al yo como un todo, y no únicamente a nuestra parte pensante.

Desde que recuerdo –desde "niño chico", como decía mi abuela, hasta la media adolescencia– cada cuaresma asistía a los ejercicios espirituales –rigurosamente estratificados por edad y por sexo– que daban en la iglesia.

Ejercicios que, entre otras cosas, daban como resultado que por algunos pocos días mis hermanas y yo nos volviéramos muy comedidos y muy serviciales en la casa; muy conscientes de nuestros deber y obligaciones como hijos, como hermanos.

La muerte era, sin embargo, siempre uno de los temas centrales; uno de los temas más fuertes en esos ejercicios espirituales.

Y la enfocaban desde todos los ángulos posibles: La muerte como el puente al infierno, al purgatorio o al cielo, dependiendo de cómo nos hubiéramos portado –para asustarnos hacia el buen comportamiento.

La muerte como el momento de hacer cuentas –con uno mismo y con Dios.

La muerte como descanso –de todos los sufrimientos y todas las preocupaciones terrenales.

Dependiendo del sacerdote que nos tocara ese día –los ejercicios generalmente tenían una duración de una hora diaria y duraban una semana– se acentuaban algunos de esos ángulos o se agregaban otros.

Como nadie es profeta en su tierra, los sacerdotes de la parroquia no eran quienes nos daban los ejercicios, sino sacerdotes de fuera, de otras parroquias y hasta de otras diócesis –algunos precedidos por la fama de oradores, de buenos consejeros y hasta de santos.

Sus enfoques sobre la muerte podían variar: algunos acentuaban más la amenaza; otros, la esperanza; algunos más, las oportunidades; etc.

La única constante al hablar de la muerte –sin importar el sacerdote ni su fama– era el recordatorio del Génesis, inquietante para un niño, de que "polvo eres y en polvo te convertirás" y, para que aún nos quedara más claro y sonara más solemne –como todavía no sucedía el Concilio Vaticano II– nos lo repetían en latín: "*Memento, homo, quia pulvis es et in pulverem reterteris*" ¡Acuérdate!

Y la única manera de revertirnos –directa y naturalmente–al polvo del que venimos, era el entierro. La forma natural era devolverle los cuerpos a la tierra; volverlos al polvo para que en polvo se convirtieran.

¡La cremación era pecado! El polvo al polvo.

Esa fue mi certeza.

El niño que fui, lo oyó por años, no sólo en todos los ejercicios espirituales a los que asistí, sino de todas las personas que conocía cuando llegaban a tocar el tema de la muerte y del entierro.

Y aunque el peso del calificativo 'pecado' fue disminuyendo hasta desaparecer con los años, no sólo para mí sino para la mayoría de la gente a mi alrededor; lo que no disminuyó, ni cambió fue la vivencia, compartida entonces, de que la única opción era simple y llanamente el entierro.

Esa fue mi certeza.

En 1963, la Iglesia Católica cambió ligeramente su postura y desde entonces permite la cremación –siempre y cuando se sigan ciertas directrices– pero aún ahora sigue prefiriendo el entierro.

En México, sin embargo, ese cambio tardó años en difundirse plenamente y yo lo asocio con el terremoto de septiembre de 1985, cuando desde los mismos púlpitos en que nos daban los ejercicios espirituales, los sacerdotes trataban de convencer a la gente que la cremación ya no era pecado y, en esos momentos, hasta conveniente.

A partir de entonces, primero lentamente; después en forma acelerada, la cremación se fue convirtiendo en la opción más común, en la opción de moda, para disponer de los cuerpos de las personas fallecidas.

Y con ello, se crearon nuevos rituales para modificar o para sustituir a los previos.

Antes, el cuerpo era velado toda la noche y se enterraba antes de que cumpliera veinticuatro horas de muerto. Este velatorio, hasta mediados de los años sesenta, se daba en las casas mortuorias.

A partir de entonces y tal vez un poco antes, los velatorios principiaron a realizarse en agencia funerarias. Con el correr del tiempo, dejaron de durar toda la noche, para cerrar la capilla de velación a las once o doce de la noche y reabrirla al día siguiente.

Esa mañana, después de un servicio religioso, el ataúd era trasladado al cementerio, seguido por una procesión a pie de familiares y amigos que, conforme fueron creciendo las ciudades y se fueron alejando los panteones, se convirtió en un cortejo de automóviles.

Al llegar al panteón, la tumba estaba abierta, la lápida a su lado; se inhumaba el cadáver. Familiares y amigos se despedían de los deudos al pie del sepulcro y concluía la ceremonia.

Esos eran los rituales funerarios en mi época –y en un sinnúmero de épocas previas.

Ahora, no sólo se ha sustituido la inhumación con la cremación, sino que, para poder incorporarla, se han modificado también otros rituales.

Yo mismo, como tantas otras cosas de esta época ajena, no conozco plenamente estos nuevos rituales. Sólo sé que la ceremonia funeraria se ha convertido en dos: una, la velación; la disposición de las cenizas, la otra.

Aparentemente, la ceremonia de velación concluye la mañana siguiente cuando se llevan el cuerpo para ser incinerado.

En un momento posterior, que puede ser horas después; al día siguiente; o meses y años después; se dispone de las cenizas: se entierran; se depositan en cinerarios religiosos o laicos; o se dispersan en algún lugar favorito de la persona fallecida o de sus deudos.

¡Es tan difícil perder o cambiar algunas de las certezas que adquirimos de niños!

¡Es tan difícil variar ciertas verdades! ¡mudar cualquier creencia!

[Pero confieso que desde niño no batallé en dudar del fuego y del infierno, del diablo y de los cuerpos a fuego lento. Cuando leí la *Divina comedia* me pregunté si Dante no era culpable –por los menos en parte– igualmente de infierno y de purgatorio.]

Para mí la cremación no puede ser sustituto del entierro.

[Y si creyera en el purgatorio o en el infierno, ¿qué puede la cremación dejarle al diablo? ¡No me parece justo!]

Sea o no sea pecado, como me enseñaron de niño –e independientemente de lo que diga ahora la Iglesia– me es difícil admitir la cremación en mis creencias porque –en esa verdad sembrada en mi niñez– no la veo como parte del proceso de descomposición natural de los cuerpos.

Quiero entregarme entero y no en migajas; caer al polvo cabal, completo; y que la tierra abrace el mismo cuerpo que siempre he sido.

Quiero ser yo el que se vuelve polvo, conforme al ritmo que le marque el tiempo, la humedad, los nortes.

¡Es tan difícil perder o cambiar algunas de las certezas que adquirimos de niños!

No sé si porque soy mi época y no me importa lo que crea
la nueva.

Tampoco sé si mi lógica es lógica o sólo sea mi forma de
apuntalar una verdad que aprendí de niño. Pero no importa.
No quiero cremación; yo quiero entierro –aunque nunca
sabré de cierto qué hicieron con mi cuerpo.

Tengo que admitir que, a mi parecer, existe una sola ventaja
de la cremación sobre el entierro: Desde que se ha perdido
la paz de los sepulcros, con la cremación deja de haber
peligro de que le quiten la paz a los residuos.

Si te incineran y esparcen tus cenizas, finalmente te dejan
en paz definitiva y para siempre, no como estas pobres
momias guanajuatenses o egipcias cuyos descansos son
interrumpidos abriendo los sarcófagos y exhibiéndolas.

O como los cuerpos exhumados, transferidos, perdidos y
reencontrados, como el de Miguel de Cervantes –que han
ido perdiendo algo de su polvo en cada parte.

Su paz interrumpida y en fragmentos. Añicos de un ritual
que se repite y se repite.

Mi certeza de niño sigue siendo mi certeza de viejo: Volver
al polvo al compás del polvo.

12. Ficciones

No tomes muy en serio
lo que te dice la memoria.

A lo mejor no hubo esa tarde.
Quizá todo fue autoengaño.
La gran pasión
sólo existió en tu deseo.

Quién te dice que no te está contando ficciones
para alargar la prórroga del fin
y sugerir que todo esto
tuvo al menos algún sentido.

José Emilio Pacheco
Memoria

en qué ventana me quedé
mirando el tiempo sepultado?
o lo que miro desde lejos
es lo que no he vivido aún?

Pablo Neruda
Puedes amarme, silabaria

Siempre me ha gustado leer y he leído de todo, porque leo lo que me cae en las manos –periódicos, revistas de noticias, novelas, biografías, historia, novelas rosas y negras y hasta púrpura escarlata.

Después de cierta edad –y no es porque ahora de viejo dude de mi memoria– no estoy siempre seguro de si las cosas que recuerdo las viví algún día o las leí en alguna parte.

Y no es por la memoria. Los libros que releo –como *El Quijote, La divina comedia, Al faro, En busca del tiempo perdido, Residencia en la tierra,* etc. –es precisamente por el placer de frecuentarlos y releerlos, no porque se me hayan olvidado.

Las novelas de detectives, en cambio, por mucho que me hayan gustado no puedo releerlas porque por muchos años que hayan pasado desde su lectura y aún si no me acuerdo del título, apenas releo los primeros párrafos recuerdo con precisión el todo; y como en su momento, el placer de leerlos se suscita por llegar a descubrir el desenlace, una vez que lo recuerdo, no podría releerlos porque me acuerdo absolutamente de todo.

No, no es por la memoria.

O quizás debo decir, no es por el olvido.

Porque sí puede ser la memoria, en el sentido de que probablemente almacenemos en los mismos lugares y de manera muy semejante los hechos que hemos vivido y los hechos que hemos leído.

Especialmente cuando, como en mi caso, consideramos que la literatura y los libros son una manera alterna de acercarse a la vida; de descubrirla; de conocerla.

Una manera menos analítica y menos racional, tal vez; pero más sintética y más vital.

Ciertas lecturas claves pueden haber dejado huellas tan importantes como para hacernos sentir que algunos de sus pasajes fueron vividos, más que leídos.

En todo caso, los recuerdos de lo vivido quedan contiguos, en la memoria, a las percepciones y revelaciones vitales que hemos obtenido a través de la lectura.

Honestamente, no sé si llamarle 'confusión' o, tal vez más apropiadamente, 'integración'.

Recuerdo que al final de los años sesenta la televisión estadounidense principió a transmitir en vivo y en directo la guerra de Vietnam.

Las imágenes de esa realidad eran semejantes y en muchos casos idénticas a las de la ficción retratada en las películas de guerra de la época.

Algunos sociólogos destacaron el hecho de que, al llegarle de idéntica manera, para el televidente sería más fácil confundir ¿integrar? la ficción con la realidad y —en el caso de la guerra de Vietnam— trivializar las atrocidades de la guerra.

No sé.

Pero si consideramos que, a diferencia de esa guerra, muchos de los pasajes literarios que leemos y releemos tienen más en común con nuestra propia vida cotidiana, podríamos pensar que la 'confusión' o la 'integración' es aún más fácil.

Por ejemplo, cuando leí el pasaje de la *Madeleine* en *En busca del tiempo perdido* en el que, al probar la pieza de pan sopeada en el té, Proust tiene la memoria involuntaria de su tiempo pasado, casi tuve un momento semejante.

En ese mismo instante lo asocié a experiencia personales no sólo de memoria involuntaria suscitada por un sabor, un olor, un movimiento; sino —en mi caso— con actos igualmente involuntarios e inesperados de toma de conciencia.

Un olor a metal quemado —memoria involuntaria— me hacía siempre volver a una puerta en una esquina y que sólo años después supe que era la funeraria a la que habían llevado a mi bisabuela.

A diferencia de Proust, sin *Madeleine* y sin té, sino con conchas sopeadas en chocolate caliente, el sabor generado por el tipo de chocolate y el sabor específico de la concha (o esponja, como las llamaba mi abuela), más de una vez me llevaron de niño y adolescente —antes de leer a Proust— a memorias involuntarias que me tomaron por sorpresa.

En casa de mis abuelos y mis tías, siempre desayunaban con chocolate caliente. En una ocasión, mi abuelo me llamó la atención por estar sopeando mi esponja en el chocolate.

Todavía ahora, a cincuenta y cinco años de su muerte, no puedo sopear nada, sea en chocolate o en leche con plátano, sin que, al sentir en la lengua el sabor del chocolate o de la leche, involuntaria y —todavía— sorpresivamente me asalte el recuerdo y reviva el momento en que —niño de siete u ocho años— sentado en esa mesa con mis abuelos y mis tías —cada uno sentado en su lugar de siempre— mi abuelo me llamó la atención al sopear mi esponja en mi taza roja de chocolate caliente.

No es que simplemente lo recuerde; es que, por instantes, vuelvo a ser –literalmente– el niño de siete u ocho años en el desayunador de mis abuelos.

Momentos semejantes, sin *Madeleine* ni té, sino al jugar al balero o al subir un escalón en la escuela –también de niño y adolescente– me llevaron a tomas de conciencia tan involuntarias como inesperadas.

En ambos casos fue y ha sido, como si las memorias involuntarias o las tomas inesperadas de conciencia me hubieran tendido una emboscada.

En muchas ocasiones, también como en el caso de Proust, algunos de estos incidentes me llevan a regresar al tiempo pasado, no siempre porque se me haya perdido, sino porque disfruto nuevamente al recordarlo y –literalmente– al revivirlo.

Asimismo, más de una vez puedo recontar una historia –de toma de conciencia o, especialmente, de familia– que estoy plenamente consciente que quien me escucha la conoce perfectamente, por el solo placer de disfrutarla nuevamente al contarla.

Puede suceder igualmente lo contrario; que al recordar lo vivido, no esté –inicialmente– seguro si lo viví o lo he leído en alguna parte.

No hace mucho, recordaba una escena de adiós: Una mano saludando desde la ventanilla de un carro de ferrocarril, despidiéndose de dos personas de pie en el andén, diciendo adiós.

Aunque lo sentía muy mío, muy vivido, como eso no es un indicador muy confiable y hace mucho que no viajo en tren –por mucho que lo disfruto– comencé por repasar las novelas o los libros en que cabía esa escena; que tenían escenas semejantes; o en las que hubieran sido posibles.

Cobran vida las dos personas de pie en el andén y las reconozco.

Soy yo quien va en el tren y se despide; y las dos personas son una pareja de amigos que había conocido dos días antes al llegar a la ciudad que, al igual que ellos, por primera vez visitaba.

Como suele ser en esas edades y en esos momentos en los que uno se encuentra aislado en una ciudad que se visita por primera vez, la relación con ellos fue tan pasajera como intensa. Nos apoyamos mutuamente en esos dos días; visitamos juntos los mismos lugares; y pasamos juntos todo ese tiempo.

Ellos regresaban a casa al día siguiente; yo seguía mi camino por otras ciudades igualmente desconocidas.

Como también suele suceder, principié a extrañarlos tan pronto el tren se puso en marcha y ellos desaparecieron de mi vista; como si hubieran sido amigos de toda la vida que, de pronto, se dejan; no personas a las que no conocía apenas tres días antes.

Lo mismo me sucedió en otra ocasión cuando una palabra suelta de una conversación ajena me llegó a los oídos; de inmediato, no recordé, sino que me volví parte de otra conversación, que conocía con lujo de detalles.

Al intentar identificar la novela en la que la había leído, poco a poco me fui reconociendo como uno de quienes conversaban. Y lo admito, quizás lo propició el hecho de que el tema de la conversación estaba de novela.

Paralelamente, cuando el tiempo nos va alejando de lo vivido, muy a nuestro pesar, lo va desdibujando poco a poco; le va robando no solo inmediatez sino realidad, debilitando su recuerdo y diluyendo su vigencia –casi sin importar cuán importante haya sido en su momento.

No. No es cosa de memorias ni de olvidos. Tampoco es de vejez ni de confusión senil.

Son simplemente las semejanzas fundamentales entre lo vivido y lo leído. Las vivencias que, finalmente, acaban por llegarnos en multitud de formas.

Después de todo es por eso que uno lee.

Hay muchas maneras de estar vivo.

13. En paz

Muy cerca de mi ocaso, yo te bendigo, vida,
porque nunca me diste ni esperanza fallida,
ni trabajos injustos, ni pena inmerecida;

porque veo al final de mi rudo camino
que yo fui el arquitecto de mi propio destino;
....
Amé, fui amado, el sol acarició mi faz.
¡Vida, nada me debes! ¡Vida, estamos en paz!

Amado Nervo
En paz

Una persona muy cercana a mí, nos repitió toda la vida que "a esta vida no volvería ni de rey".

Siempre me impresionaba oírlo, por la infelicidad vital que, a mi parecer, no sólo esa expresión, sino toda su actitud, reflejaba.

Había tenido una vida difícil, es cierto; pero yo sentía que su vida había sido más pesada por una amargura constante para pensarla; y digo pensarla, porque hubo momentos, muchos, en que yo fui testigo que estaba siendo impensadamente feliz. Y, a veces, más que momentos; pero de que los hubo, los hubo; me consta.

Con todo, la cantinela de "a esta vida no volvería ni de rey" siempre estuvo presente; hasta el final.

Cuál no sería mi sorpresa, cuando años después, en mi vejez, yo principié a sentir y a decir exactamente lo mismo.

Aunque creo que por las razones opuestas.

Al final del camino de mi vida y al voltear hacia atrás, creo que fui muy afortunado, demasiado afortunado y que, si volviera a vivir jamás tendría tanta suerte otra vez; jamás podría volver a ser tan afortunado.

La vida fue injustamente generosa conmigo.

Y ésa, es una fortuna que no se tiene dos veces.

Por ello es que, al darme cuenta, al tener plena conciencia de mi fortuna, no querría volver a esta vida ni de rey. No podría ser tan afortunado una segunda vez.

Porque esta toma de conciencia, este darme cuenta de toda mi fortuna no me llegó sino, paso a paso, al estar llegando a mi vejez.

Al estar viviendo, no sé si por estar demasiado ocupado en un presente que todo lo consumía, no reparé para nada en esa suerte que estaba teniendo.

Fue hasta al estar llegando al final que, lentamente, muy lentamente, me fue cayendo el veinte: La vida había sido inmerecidamente indulgente conmigo.

Cuando de niño y de joven leí el poema *En paz* de Amado Nervo no me dijo mucho; cuando lo releí de viejo me asustó: "¡Vida, nada me debes! ¡Vida, estamos en paz!"

Se está en paz cuando se salda la deuda; no sólo yo no la había saldado; ni siquiera tenía con qué.

Sentí que, en mi caso, el poema debía decir: "¡Vida, todo te debo! ¡Vida, por favor no me lo cobres!"

Porque si me lo cobrara, tendría que tener una vejez de infortunio que lo compensara por lo menos en parte –y tal vez ni así.

Ni siquiera me imaginaba cómo podría ser una vejez así, dado que la mejor vejez –en sí– tiende a ser, por su naturaleza, poco afortunada.

No me podría imaginar cómo se vería si a ese infortunio natural se le agregaba mi deuda acumulada.

Un amigo, mayor que yo y ahora entre mis muertos, llegó incluso a acusarme de maniqueo: "la vida no es así; la realidad no se divide entre lo bueno y lo malo; no, no hay nada que tengas que pagar."

Aunque, por viejo que esté, mientras no esté muerto, todavía me puede pasar, quiero creer que tenía razón: la vida no me lo va a cobrar, pero eso no quiere decir que estemos en paz. Siempre estaré en deuda con la vida, por lo que mucho le agradezco que no me la cobre.

Y por eso no volvería ¡ni de rey!

Porque ni de rey podría volver a tener, jamás, una vida tan inmerecidamente afortunada.

Pero el tratar de hacer cuentas con la vida, me llevó cara a cara con la parábola bíblica de los talentos –para hacer cuentas conmigo mismo.

Dice Mateo (25:14-30) que "el reino de los cielos es como un hombre que, al emprender un viaje, llamó a sus siervos y les encomendó sus bienes". A uno le dio cinco talentos; a otro, dos; y a un tercero, uno. Luego se fue.

Al regresar de su viaje, ese hombre les pide cuentas ¿qué hicieron con los talentos que les entregué?

El que recibió cinco talentos, los negoció; ganó otros cinco talentos; y acabó con diez

El que había recibido dos, igualmente, los negoció; gano otros dos; y acabó con cuatro.

Y el que había recibido uno, lo guardó; y acabó con uno; el mismo que había recibido.

Olvidándome del capitalismo subyacente que no dejó de sorprenderme; y enfocándome en la –para mí– muy justa pregunta de ¿qué hiciste con los talentos que te di?

Y de la misma manera que el poema de Nervo, la parábola me lleva a pensar que a mí me dieron no cinco, sino diez talentos y, al llegar el tiempo ¡no devolví ninguno!

Me los gasté en vivir y en ser afortunado.

¡Y ni siquiera me di cuenta!

Porque otra de las cosas que agradezco de la vida es no haber sabido que traía en la bolsa esas diez monedas sino hasta cuando ya no las traía y el tiempo se me había acabado.

Las gasté viviendo y disfrutando de lo vivido, sin reparar en los qués ni los porqués. Fui responsable, sí; muy responsable; pero sin tener conciencia en cada hoy ni en todo mi presente, de esa fortuna diaria ni de las monedas que traía en la bolsa que, con toda seguridad, la estaban haciendo posible.

"Una vida sin examen no merece ser vivida".

Aunque siempre evalué mi actuar, probablemente yo no aprobaría el *dictum* socrático, a menos que el examen no intencionado de la vida en la vejez también cuente.

Yo nunca examiné la mía. Quizás ni siquiera ahora, al final, cuando mi río llega a su desembocadura. La conciencia no me llegó por haber examinado mi vida; sino por una serie de recuerdos que, al llegarme inesperadamente y mirarlos con el detenimiento necesario para gozarlos más, me hacían tener conciencia de lo afortunado de lo vivido y de las monedas que me habían dado (y que yo pensé que eran para gastar).

Respecto a la conciencia próxima o en cada momento de lo vivido, tendría que confesar que la vida me pasó de noche; yo nada más la viví –aunque esa manera de expresarlo, me hace ruido porque si algo vi con toda la claridad del día; y si algo disfruté fue la vida– yo nada más la viví, así como venía; sin planes; sin exámenes.

Al hacerlo –si es eso lo que hago ahora de viejo– y pensar en la parábola de los talentos, soy yo quien se pregunta qué hice con todas las monedas que me dieron –así, sin más y sólo porque sí– y que traía en la bolsa.

Si en la parábola, el hombre que entrega los talentos a sus siervos se molesta con "el siervo inútil" que sólo le devuelve lo mismo que le entregó y lo manda a "las tinieblas"; a mí que me lo gasté todo por lo que no podría devolver nada ¿A dónde me mandaría?

Pero esa vergüenza –porque sí siento que de alguna manera debería yo dar cuentas, buenas cuentas, de las monedas que me dieron– viene y la interrumpe el recuerdo de lo mucho que fui disfrutando –por ciego que haya estado– al habérmelas gastado y, al adaptarlo a mí, entiendo mejor ese dicho popular de "Y ahora ¿quién me quita lo vivido?"

Me pregunto también si examinar mi vida no es lo que hago ahora. Pero en realidad lo único que hago es disfrutar mis recuerdos sin buscarlos; cuando me llegan. La diferencia es que, de viejo, ya no estoy tan ciego y, al revivirlos y saborearlos, no puedo evitar descubrir lo que no había visto antes.

Algunos de esos recuerdos tienen dos caras: Por una parte, agradezco lo positivo, lo generoso y lo benevolente que fueron el mundo y su gente conmigo.

Por otra parte, ahora de viejo, me avergüenzo conmigo mismo, tanto por mi ceguera en cada uno de esos momentos, como por haberlo recibido todo como si me lo mereciera.

[Admito, sin embargo, que aún con esas partes de las que me avergüenzo, cuando me llegan, esos recuerdos los gozo mucho.]

Y si al pensar en la vida, siento que fue una fortuna recibida sin merecerlo y el temor era ¿es? que me pidiera liquidar mis adeudos; al pensar en la parábola, al agradecer las monedas recibidas, parte de mí se apena por no rendir mejores cuentas; pero parte de mi se alegra de haberla disfrutado intensamente –y todo fue posible gracias a esas monedas.

No: Vida, todo te debo; vida, no estamos en paz.

14. *No hay más que silencio*

Pues con desolación infinita evidencio
que detrás de la tumba ya no hay más que silencio.

> Amado Nervo
> ***Seis meses ya de muerta***

Cae al último abismo de silencio
Como el barco que se hunde apagando sus luces
Todo se acabó

> Vicente Huidobro
> ***Altazor***

Lo juro. No tentó a la amortajada el menor deseo
de incorporarse. Sola, podría, al fin, descansar, morir.
Había sufrido la muerte de los vivos. Ahora anhelaba la
inmersión total, la segunda muerte: la muerte de los
muertos.

> María Luisa Bombal
> ***La amortajada***

Los ejercicios espirituales, a los que nos mandaban mis padres en cuaresma, parecían siempre girar, de una manera u otra, en torno a la muerte y lo que nos podía pasar después: cielo, infierno o purgatorio.

Y, como diría Octavio Paz, en el mismo resuello, nos recordaban que todo sería por una eternidad.

Una eternidad en el cielo, gozando de Dios; una eternidad en el infierno, sufriendo del diablo; o un tiempo de tormentos purificadores tan largo en el purgatorio que, al final, nos parecería una verdadera eternidad.

Paradójicamente, también nos hablaban de la muerte como el descanso eterno.

Y aunque ya no era el purgatorio ni el cielo ni el infierno, seguía siendo por toda una eternidad.

Como yo sentía que me portaba muy bien y, por si fuera poco, en esos tiempos de cuaresma y de ejercicios espirituales, me portaba aún mejor; no le tenía el menor miedo al purgatorio y menos aún, al infierno.

Yo me sentía en el cielo.

¡Sin duda!

Y aún así, algo me inquietaba, me inquietaba. Pero, como pasado el Domingo de Pascua, todo se me olvidaba y la inquietud se me pasaba, no era sino hasta el año siguiente que me volvía el desasosiego.

En los primeros años, no podía entender por qué. Especialmente si, como lo llegué a pensar de una manera más racional y más madura, si yo daba por un hecho que me iba ir al cielo ¿de dónde venía la inquietud?

Mis imágenes del purgatorio y del infierno venían más de las ilustraciones de Gustave Doré en dos de las ediciones de *La divina comedia* que tenía mi padre en su biblioteca; que de las descripciones que nos hacían quienes conducían los ejercicios espirituales.

[Las ilustraciones de Doré fueron, para mí, tan poderosas, que aún ahora, de viejo, mis imágenes de infierno y purgatorio y la imagen de Don Quijote –también de una de las ediciones de mi padre de *El ingenioso hidalgo*– que traigo en la cabeza son, todavía, las de Doré –y no puedo ver ni infierno ni purgatorio o imaginarme a Don Quijote de otra forma.]

Esos fuegos tremendos que abrasaban con sus llamas a los pecadores, asustaban a cualquiera –con mayor razón a un niño transitando a la adolescencia.

Y Doré no hacía mucha distinción entre los fuegos del infierno y los fuegos del purgatorio –por transitorios que se supusieran.

Poco a poco, principié a descubrir que esa intranquilidad me la causaba no el lugar, sino el tiempo: No eran ni el cielo ni el purgatorio ni el infierno; era la eternidad lo que me asustaba ¡y mucho!

Más que la hoguera, mucho más que sus llamas, me asustaba la eternidad y esa eternidad me asustaba aún en el cielo –no porque no me pareciera un premio, sino porque me aterraba la noción de eternidad.

[En algún momento de mi madurez y ahora de viejo, la justificación es pensar que lo eterno nos es naturalmente ajeno: como seres humanos que somos, la eternidad nos queda fuera de nuestras medidas de carne y hueso; de nuestra temporalidad perecedera.

Yo necesitaba metros terrenales; no divinos. Por eso me aterraban.

Para mí, lo infinito y lo eterno no son, para nada, humanos; por eso es que no caben en la mortalidad de nuestro abrazo.]

Con el tiempo me fui inclinando por la alternativa ofrecida en los mismos ejercicios espirituales: la muerte como descanso eterno.

Sí, la muerte como final.

Unamuno quería irse al cielo con todo y zapatos para poder seguir siendo él; entero; humano; el ser de carne y hueso al que estaba habituado y que él ya conocía.

Porque al perderse lo humano, se deja de ser yo.

Y al ser así, al dejar de ser yo, uno descansa.

Ese descanso se ha vuelto, ahora de viejo, uno de los grandes atractivos que, para mí, tiene la muerte.

Un descanso eterno, para siempre.

Volver a casa –la nada original de donde vine– para dejar de ser.

Volver a casa –donde "ya no hay más que silencio"– y descansar.

Sí, ése es para mí, ahora de viejo, el gran atractivo de la muerte.

Y no es que no haya tenido una vida que no haya disfrutado –¡y mucho!– ni que me quiera morir o quiera apresurar mi muerte; no. Es simplemente que anticipar un final así, le da una gran paz a mi yo de ahora.

Y, no estando yo, esa eternidad, ese para siempre, deja no sólo de asustarme, sino que es una parte agradable de esa paz y ese descanso. De ese nuevo atractivo de la muerte.

"Todo se acabó"; menos la muerte. "Detrás de la tumba ya no hay más que silencio" y esa paz seductora del sepulcro.

15. *¿Quién me dirá el momento?*

¿Quién medirá el espacio, quién me dirá el momento
en que se funda el hielo de mi cuerpo y consuma
el corazón inmóvil como la llama fría?

Xavier Villaurrutia,
Nocturno Muerto

El muerto no sabe lo que es la muerte,
pero los vivos tampoco.

Carlos Fuentes
Instinto de Inez

Ese hombre está muerto
y no lo sabe.

Rafael Alberti
El ángel avaro

De niño, una vez que descubrí la muerte, inmediatamente, la asocié con el conocimiento pleno: Al morir se le abrían todos los velos al mundo y a la vida.

Desde ese momento, uno lo conocía todo.

Y ése era, entonces, para mí, el gran atractivo de la muerte. Como si ese conocimiento total compensara, de alguna manera, la pérdida de la vida.

Por más vueltas que le doy, no sé por qué le atribuí a la muerte ese poder.

Me pregunto ahora si tendría que ver con mi visión de niño de que uno se iba al cielo y que al contemplar a Dios, uno lo contemplaba todo, sin velos ni misterios.

Pero no estoy seguro.

De lo que sí estoy completamente seguro es que, de niño, le atribuí por años esa propiedad que, para mí, constituía un atractivo muy grande.

Conforme fue pasando el tiempo, con la edad fui dudando de que fuera así; de que la muerte trajera consigo el conocimiento total y absoluto.

Y creo que desde los quince años dejé completamente de creerlo.

Pero no fue sino hasta la vejez que reparé que no sólo no se conoce todo, sino que no se conoce nada.

Que la muerte no trae consigo ni siquiera la conciencia de sí misma.

Ahora de viejo, me doy cuenta de que, en una de esas ironías que tiene la vida, el muerto es el único que no sabe que está muerto.

Todos, menos yo, sabrán cuando esté muerte. Todos menos el muerto.

Y, en esta muerte sin fin, como la llama Gorostiza, yo querría conocer, ser consciente, del segundo mismo en que comienza. Aunque la muerte no tenga fin, tiene principio.

Saber, en el instante que sucede, que estoy entrando ahí, a la "muerte sin fin de una obstinada muerte".

Así, puedo morir en paz, sabiendo que estoy muerto.

Así puedo entrar, consciente, en la eterna paz de los sepulcros; entrar y relajarme para siempre.

No necesito saber más.

Simplemente que acabo de morir; que ya estoy muerto; que puedo descansar sin más y para siempre.

Y entonces con gusto, me desprendo también de mi conciencia.

Una vez pasado ese momento de la muerte, no necesito saber más ni estar consciente de estar muerto; lo habría sabido en el instante preciso de morir; lo habría sabido y eso es todo; no necesito más.

Pero el muerto es el único que no sabe que está muerto.

Y lo siento injusto.

Mientras que todos los demás lo saben, el más interesado en saberlo –el muerto mismo– es el único que no lo sabe ni lo sabrá jamás.

Y aunque admito que parecería haber una cierta simetría entre la llegada a la vida, al nacer –con su inconciencia inicial y esa toma lenta de conciencia y memoria– y la salida, en la vejez final –con esa pérdida potencial y lenta de conciencia y esa inconciencia terminal; aún así, sigue sin parecerme justo.

Para el niño que fui, que concibió la muerte como el advenimiento al conocimiento total y absoluto y a la conciencia plena; no deja de ser una tremenda ironía que al morir no sólo no alcanzará ese conocimiento total, sino que no podrá tener conciencia de ese paso a la muerte; de no saber siquiera –en ese momento preciso y por un solo instante– que uno está muerto, para poder tranquilizarse y descansar.

Vaya contradicción; vaya contraste entre mi visión de niño y la de viejo: ¡De conocerlo todo a no tener conciencia de nada, ni de la propia muerte!

¿Cómo puede uno descansar verdaderamente en paz sin tener conciencia de que ya todo finalmente acabó; de que no sólo se agotaron todas las posibilidades sino también todas las realidades? De que no hay nada más que hacer excepto relajarse y reposar sosiegos…

…por una eternidad que me asustaba y que ya no me asusta porque en ese momento ya no soy; porque en ese momento ya no estoy.

Sí, en su momento, cada muerto es el único que ignora y no tiene conciencia de que está muerto. Lo saben los demás, pero no el muerto.

Por eso "no tendremos nada que decir sobre nuestra propia muerte" como escribe Carlos Fuentes. No la sabemos ni la sabremos nunca.

Quizá por ello, al hablar de la muerte, uno acaba por hablar de la vejez y de lo que pasa a medida que el camino nos acerca a la muerte, más que de la muerte misma.

Sí, al hablar de la muerte, uno acaba hablando de la vida.

Así es la vida.

"¿Quién me dirá el momento?" Nadie.

Tendré que quedarme, por toda una eternidad, en la ignorancia.

Ni modo.

Así es la muerte.

Colofón

Quizás habría sido más justo titular el libro *Los ensayos del estuario* o de *la desembocadura* que *Los ensayos de la muerte,* porque es, precisamente, cuando los años han llevado las aguas de mi río a su desembocadura –casi tocando el mar ("qu'es el morir")– que se me han potenciado todas estas miradas que –en distintas edades– he ido teniendo, a lo largo de mi vida, en relación con la muerte.

No todos los ensayos han sido sobre la muerte en sí; es cierto. Pero, los que no lo son, han sido provocados por su cercanía; por estar teniendo la vivencia de la desembocadura y de ese aire húmedo, pegajoso y salado que se respira sólo muy cerca del mar.

Los ensayos de la muerte
de Mariano Ortega
se acabaron de imprimir
el 18 de enero de 2019